Gustav Neuber

Anleitung zur Technik der antiseptischen Wundbehandlung und des Dauerverbandes

Verlag
der
Wissenschaften

Gustav Neuber

Anleitung zur Technik der antiseptischen Wundbehandlung und des Dauerverbandes

ISBN/EAN: 9783957008763

Auflage: 1

Erscheinungsjahr: 2016

Erscheinungsort: Norderstedt, Deutschland

Hergestellt in Europa, USA, Kanada, Australien, Japan
Verlag der Wissenschaften in Hansebooks GmbH, Norderstedt

ANLEITUNG ZUR TECHNIK

DER

ANTISEPTISCHEN WUNDBEHANDLUNG

UND DES

DAUERVERBANDES.

VON

DR. MED. G. NEUBER,

PRIVATDOCENT AN DER UNIVERSITÄT KIEL.

MIT ZAHLREICHEN ABBILDUNGEN IM TEXT.

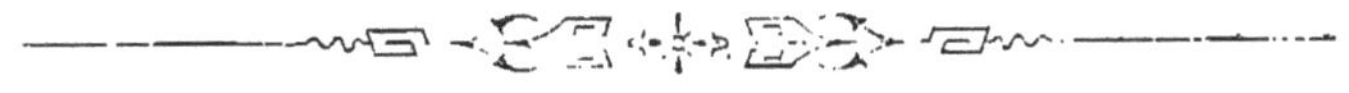

KIEL.

VERLAG VON LIPSIUS & TISCHER.

1883.

Herrn Geheimen Medicinalrath, Generalarzt I. Cl.,
Professor Dr. F. Esmarch

in Dankbarkeit

gewidmet

vom Verfasser.

Nach antiseptischen Grundsätzen operiren wir ausnahmslos, möge es sich um ganz frische oder bereits septisch inficirte Wunden handeln. — Wir beabsichtigen durch dies Verfahren die Entstehung einer Wundeiterung zu verhindern oder letztere zu bekämpfen, falls sie bereits vor Beginn unserer Behandlung vorhanden war. — Grundbedingung für die Durchführung streng antiseptischer Maassregeln während der Operation ist die Vernichtung aller in der Umgebung und Nähe der Wunde in der Luft schwebenden und an Personen, Instrumenten sowie Inventarien haftenden Entzündungserreger. Diese Grundbedingung ist nur durch eine bis auf das Kleinlichste durchgeführte Reinlichkeit aller betheiligten Personen, sowie aller eventuell zu benutzenden Gegenstände zu erreichen.

I. Vorbereitung für Operation und Verband.

Vorbereitung des Patienten.

Die Vorbereitung des Patienten, soweit dieselbe sich auf die Körperreinlichkeit im Allgemeinen, sowie speciell auf den zu operirenden Körpertheil bezieht, ist ausserordentlich sorgsam anzuordnen. — Nach gründlicher Reinigung des ganzen Körpers durch ein oder mehrere Vollbäder, muss bereits 2 Tage vor der Operation der betreffende Körpertheil in einer Ausdehnung, welche dem demnächst zu applicirenden Verbande entspricht, rasirt, täglich einmal geseift, mit Aether abgerieben und mit Sublimatlösung — 1 : 1000 — gewaschen werden. Unmittelbar vor der Operation wird dieselbe Reinigung nochmals wiederholt und ausserdem das ganze Operationsterrain mit Jodoformäther (1 : 7) bestrichen.

Diese Vorschriften gelten unter allen Umständen, sobald nicht bestimmte Indikationen zu sofortiger Operation vorliegen. Dies ist z. B. der Fall bei frischen offenen Wunden und incarcerirten Hernien; hier muss man sich auf eine der Operation unmittelbar vorangehende, natürlich möglichst sorgfältige Reinigung beschränken. Die während Einleitung der Narkose verstreichende Zeit wird für diese kurz vor der Operation nothwendigen Waschungen etc. benutzt.

Ausser den schon erwähnten allgemeinen Regeln, sind noch folgende Vorschriften speciell hervorzuheben:

1) *Für Hände und Füsse.* Die obersten Schichten der dicken *Epidermis* sind nach voraufgegangener Erweichung in Seifenbädern, mit scharfen Bürsten, eventuell mit Reibeisen möglichst zu entfernen. Besondere Aufmerksamkeit ist der Reinigung der Nagelränder und der zwischen den einzelnen Zehen befindlichen Haut zuzuwenden.

2) *Für den behaarten Kopf.* — Allseitig mindestens 3 ctm. in der Umgebung einer vorhandenen oder durch die Operation zu setzenden Verwundung ist das Haar glatt abzurasiren.

3) *Für die Umgebung des Mundes.* — Mehrere Tage vor der Operation muss der an den Zähnen haftende Weinstein, welcher wesentlich aus kohlensaurem Kalk besteht und massenhafte Bacterien enthält, entfernt und der Patient angehalten werden, sich drei Mal täglich nach dem Essen die Zähne mit Zahnseife zu bürsten und den Mund mit einem desinficirenden Mundwasser (Burow'sche Flüssigkeit oder Kali chloric. 6 : 100) auszuspülen. — Sollen Operationen im Munde selbst vorgenommen werden, so ist die Extraction etwa vorhandener cariöser Zähne, sowie schlechter von Schmutz bedeckter Wurzeln einige Tage vorher erforderlich.

4) *Für die Operation in der Unterbauch- und Aftergegend, am Damm, in der Bauchhöhle, an der Harnblase und den weiblichen Genitalien.* — Reichliche Abführung während der letzten Tage vor der Operation. Am Vorabend sowie am Morgen des Operationstages je eine energische Darmausspülung.

5) *Etwa vorhandene Eiter- oder Sekretschorfe* müssen vor der Operation gründlich entfernt, belegte Geschwüre und septische Wunden wiederholt mit 8 % Chlorzinklösung desinficirt werden.

Die strenge Durchführung der erwähnten Anordnungen ist in der Privatpraxis nicht immer, im Kriege wohl nur selten möglich. Den vorliegenden Verhältnissen entsprechend, wird man sich alsdann bemühen, recht wenige dieser Vorschriften ausfallen zu lassen. Mindestens sollte jedoch Folgendes geschehen: „Energische Desinfection der Haut in der Umgebung des Wund- oder Operationsgebietes und Entfernung des groben Schmutzes in einer dem anzulegenden Verbande entsprechenden Ausdehnung." - — Dies lässt sich in der Privatpraxis unter allen Umständen erreichen, im Kriege freilich nicht immer, weil das zur Reinigung massenhaft Verletzter erforderliche Wasser wohl selten in hinreichender Menge zur Disposition steht. — Auf dem Schlachtfelde müsste daher die Wunde nach thunlichster Reinigung und Desinfection ihrer Nachbarschaft, mit antiseptischen Stoffen bedeckt und verbunden werden. Natürlich hört bei solcher — durch die Verhältnisse erzwungenen Behandlung die Garantie für eine aseptische Heilung auf, doch hat die Erfahrung im russisch-türkischen Kriege gelehrt, dass trotzdem viele solcher Fälle ausserordentlich günstig verliefen. -—

Nach vollendeter Reinigung und Desinfection der Haut bleibt die Körperoberfläche in der Nähe des Operationsterrains entblösst, wird im Uebrigen aber mit grossen Schutzdecken aus dünnem Gummistoff umhüllt. — Die Abbildungen 1—3 erläutern die Anwendung dieser Schutzdecken für die verschiedenen Körpergegenden. Bei Operationen im Gesicht, am Hals und an der Brust wird dem Patienten eine die Haargrenze eng umschliessende Gummikappe aufgesetzt. (Fig. 4.)

Fig. 1.

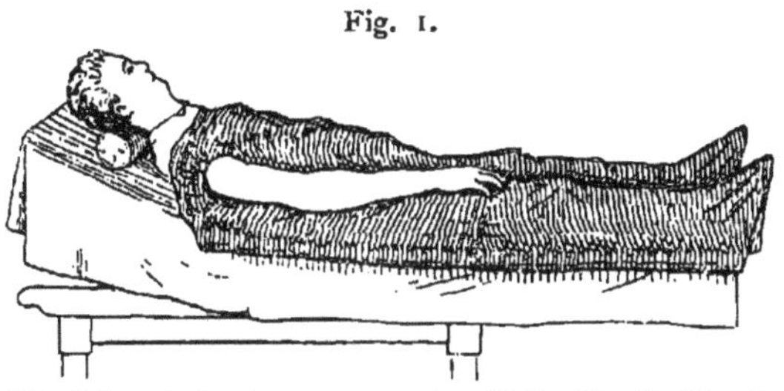

Die Schutzdecke ist an passender Stelle für die Durchschiebung des Armes durchlöchert.

Fig. 2.

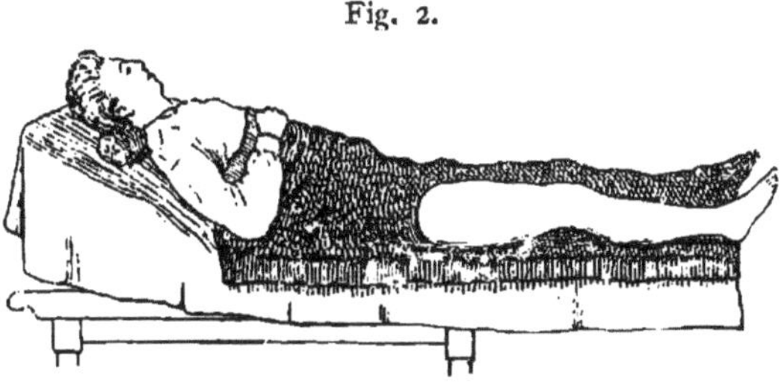

Die Schutzdecke hat für die Durchschiebung des Oberschenkels ein rundes Loch.

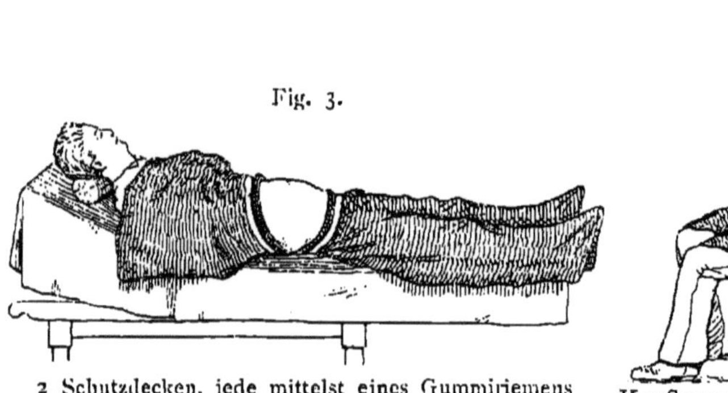

2 Schutzdecken, jede mittelst eines Gummiriemens
befestigt.

Kopfkappe u. Schutzdecke
für Operationen am Hals
und im Gesicht. Für den
Hals ist ein enges Loch in
der Decke vorhanden.

Bei lang dauernden Operationen — zumal an kalten Tagen
und im Winter — sind besondere Maassnahmen nothwendig, um
eine allzu bedeutende Abkühlung des Patienten zu vermeiden. —
Wir bekleiden letzteren alsdann mit Flanellunterzeug, erhalten
die Zimmertemperatur auf 15—18 ^{0} R., sorgen überhaupt dafür,
dass die Wärmeabgabe des Körpers möglichst herabgesetzt,
die Wärmezufuhr dagegen erhöht werde. — Daher liegt der
Kranke auf 2—3 grossen, mit heissem Wasser gefüllten Gummi-
kissen, Brust und Arme liegen unter einer Esmarch'schen
Schlauchdecke, durch welche fortwährend warmes Wasser
strömt. — Diese Anordnungen sind denjenigen ähnlich, welche
bereits Bardenheuer in seiner Abhandlung über die Drainirung
der Peritonealhöhle gegeben hat. Am einfachsten sorgt man
für die hinreichende Erwärmung des Patienten durch die Benutzung eines heizbaren Operationstisches. Einen solchen liess
ich unlängst herstellen, die Construction desselben geht aus neben-
stehender Abbildung hervor. (Fig. 5.)

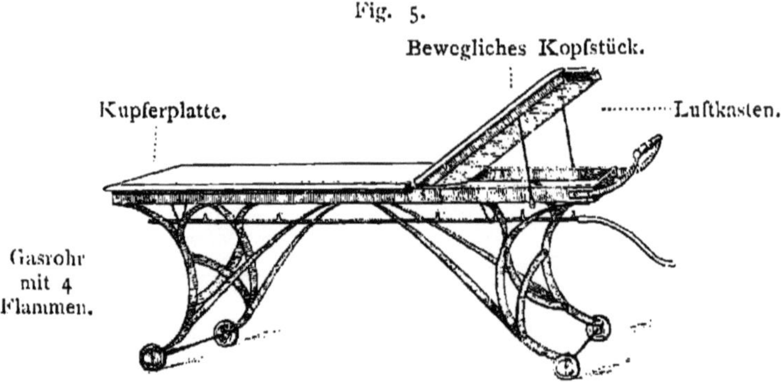

Unter der Kupferplatte befindet sich ein eiserner, 4 ctm. hoher, mit Luft gefüllter Kasten. Auf der Kupferplatte liegt eine $2\frac{1}{2}$ ctm. dicke Filzplatte, welche unmittelbar vor der Operation mit einem Gummituch bedeckt wird. — Kupferplatte und Luftkasten können vom Gestell abgehoben und durch eine genau hinein passende Glasplatte ersetzt werden. Auf diese Weise erhält man einen, hinsichtlich seiner Sauberkeit für antiseptische Operationen sehr geeigneten Tisch mit Glasplatte. —

Vorbereitung des Personals.

Der Reinigungsapparat für sämmtliche betheiligten Personen besteht unter der selbstverständlichen Voraussetzung reiner Zähne und Ausschliessung eines foetor ex ore, aus Seife, Bürste, Nagelreiniger und 5 % Carbollösung. Die Desinfection unmittelbar *vor* der Operation erstreckt sich auf Hände und Vorderarme, sie muss in gleicher Weise *nach* jeder Operation und selbst nach der Berührung einer secernirenden Wunde vorgenommen werden. — Wenn der Chirurg während einer Operation sich genöthigt sieht, mit unreinen Dingen, z. B. Koth, Eiter, Urin in Berührung zu kommen, so ist zur sofortigen Desinfection nach einer jedesmaligen derartigen Verunreinigung ein mit 3 % Carbollösung gefülltes Waschbecken bereit zu halten. Der Aufenthalt in *anatomischen* Räumen darf den Operationen oder dem Verbandwechsel *nie* unmittelbar vorausgehen. Der Verband riechender oder jauchender Wunden muss immer die letzte Arbeit des Tages sein, wird daher bei uns stets auf den Schluss der Abendvisite verlegt. Ebenso sollten Operationen an septischen Wunden das Schlussglied der Operationsreihe eines Tages bilden. — Auf diese Weise, sowie durch strenge Isolirung inficirter Kranker, gelingt es, die Gelegenheit einer Infection möglichst zu vermindern. — Mit noch grösserer Sicherheit würde man dies durch Einführung getrennter Operationsräume erreichen können. Ich habe in einer jüngst erschienenen Arbeit[1] diesen Gegenstand berührt und für neu zu

---

[1] Klinische Studien über die Bedeutung des Torfmulls als Verbandmaterial. v. Langenbeck's Archiv, Bd. 28, pag. 483.

errichtende Hospitäler derartige Einrichtungen empfohlen. Man müsste drei durchaus getrennte Operationsräume mit eigenem Inventar, Personal etc. zur Disposition haben, nämlich: einen für hochantiseptische Operationen, einen zweiten für Operation in chronisch entzündeten Geweben, z. B. für Nekrotomieen, Gelenkresectionen wegen fungöser Entzündungen etc. und einen dritten für septisch in's Hospital gelangende Patienten. — In Kiel haben wir bereits den Anfang damit durch Einrichtung einer besonderen Baracke mit eigenem Operationsraum für septische Kranke gemacht.

Seit vielen Jahren sind in der Kieler Klinik weisse leinene Operationsröcke im Gebrauch. Dieselben werden, sobald sie beschmutzt sind, also eventuell nach jeder Operation, mindestens aber täglich durch frisch gewaschene Röcke ersetzt. Solche Röcke trägt das gesammte, an der Operation betheiligte männliche Personal, die Aermel sind bis zur Mitte des Oberarmes in die Höhe geschlagen; Operateur, Assistenten und Schwestern tragen während der Operation Schürzen aus dünnem Gummistoff, welche, vom Hals bis zu den Füssen reichend, $^2/_3$ des Körperumfanges bedecken. Sehr empfehlenswerth ist auch die Benutzung hoher Gummistiefel für Operateur und Assistenten, wie solche auf der Abtheilung *Schede's* in Hamburg im Gebrauch sind. —

Je länger dasselbe, in der Anlegung antiseptischer Verbände gegenseitig geschulte Personal an Aerzten und Wärtern mit einander fortarbeitet, desto mehr Aussichten sind für eine fehlerlose Durchführung der antiseptischen Methode vorhanden. — Jeder Personalwechsel bedingt entschieden gewisse Gefahren für die Kranken des Hospitals, sollte daher möglichst vermieden werden.

Vorbereitung der Instrumente.

Die Instrumente stehen unter der speciellen Aufsicht eines Assistenten. Sie werden längere Zeit vor der Operation in eine flache mit 3 $^0/_0$ Carbollösung gefüllte Glasschaale — Fig. 6 — gelegt.

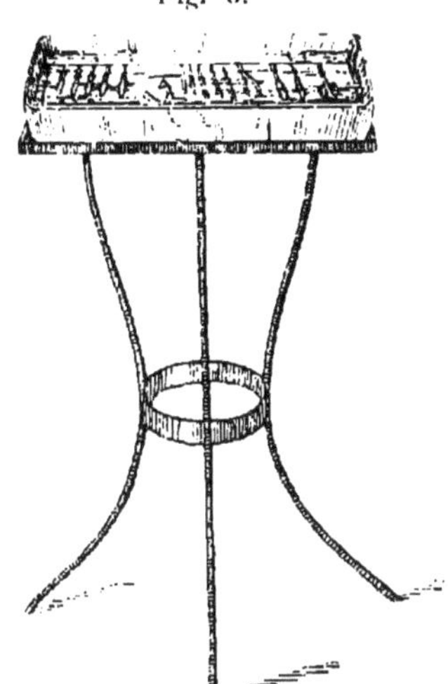

Fig. 6.

Instrumententisch mit Glasschaale.

Sind für einen Tag mehrere Operationen angesetzt, so muss für jede derselben das Instrumentarium in gleicher Weise vorbereitet sein. Sogleich nach beendigter Operation werden sämmtliche Instrumente mit der Glasschaale entfernt und behufs gründlicher Reinigung einem damit beauftragten Wärter übergeben. — Letzterer ist angewiesen, jedes Instrument einzeln in Wasser mit Seife, Bürste und $3\,^0/_0$ Carbolsäurelösung zu behandeln, sodann mit einem sauberen Leinentuch zu trocknen. — Nach Beendigung sämmtlicher Operationen legt einer der Assistenten die ihm gereinigt übergebenen Instrumente nach sorgfältiger Superrevision wieder an ihren Platz.

Je weniger Instrumente der Operateur zu gebrauchen pflegt, um so leichter ist natürlich die Reinhaltung derselben. Auch sollte man jede unnöthige Benutzung complicirter Instrumente, z. B. complicirt construirter Troicars, Nadeln, Nadelhalter, akidopeirastischer Instrumente u. s. w. vermeiden. — Viele derselben sind sehr sinnreich erdacht, lassen sich aber schwer reinigen, müssen dabei ganz aus einander genommen werden und versagen dennoch zur Zeit der späteren Benutzung oft den Dienst. — Ich verlange von einem für antiseptische Operationen brauchbaren Instrument, deren Zahl, wie erwähnt, möglichst beschränkt sein sollte, dass es einfach construirt, wo möglich aus einem Material und Stück, ohne Rillen, Spalten und scharfe Absätze gearbeitet sei. —

Herr Geheimrath *Esmarch* liess in London vom Instrumentenmacher *Weiss* Messer herstellen, welche allen diesen Anforderungen genügen, da Klinge und Griff aus einem Eisenstück einfach und solide gearbeitet sind. (Fig. 7.)

Fig. 7.

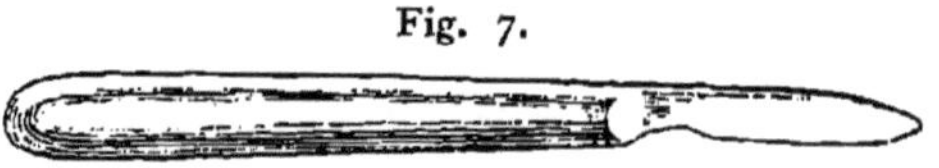

Nach ähnlichen Principien war schon vorher die alte Langenbeck'sche Schieberpincette umgearbeitet worden. — Fig. 8. — Wie aus dieser Figur ersichtlich, befinden sich Absätze und Rillen nur da, wo sie absolut nicht zu vermeiden sind, im Uebrigen ist das Instrument ganz glatt, auch lässt es sich behufs gründlicher Reinigung leicht auseinander nehmen. —

Fig. 8.

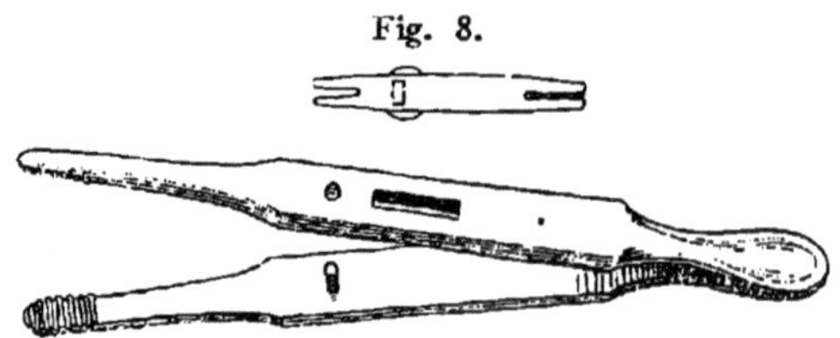

Später liess ich vernickelte Raspatorien, scharfe Löffel, — Fig. 9 — Elevatorien, scharfe und stumpfe Haken, Meissel, Sägen etc. in gleicher Weise glatt, ohne Rillen und aus einem Stück arbeiten. Alle diese Instrumente haben den grossen Vorzug, dass sie leicht zu reinigen sind und in Folge dessen zur Uebertragung von Infectionserregern kaum je Gelegenheit bieten werden. —

Fig. 9.

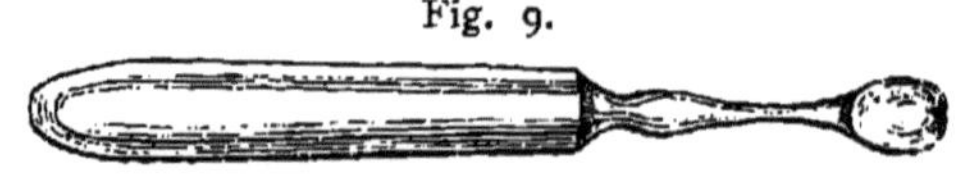

Operationszimmer und Inventar.

Der Operationstisch wird nach jedesmaliger Benutzung sorgfältig gereinigt, desinficirt und mit reinen Gummidecken belegt. Der Operationsraum muss gut ventilirt und stets sehr sauber gehalten werden, für die reichlich vorhandenen Waschbecken, Wasserhähne, Glastische und Glasapparate, kurz für das gesammte Inventar gilt dasselbe. — Alle soeben speciell erwähnten Gegenstände werden täglich, ob sie benutzt waren oder nicht — gründlich abgewaschen und desinficirt. Im Operationszimmer sollten mit Ausnahme des Operationstisches, einiger Instrumententische, der Waschvorrichtungen sowie Glasapparate, weder Schränke noch andere Inventarien ihren Standplatz haben. — Bedingung für ein gutes Operationszimmer sind: glatte Wände, fester, etwas abschüssiger Fussboden mit Abflussgelegenheit, viel Licht, gute Luft, weder staubfangende Vorhänge, noch unnöthiges Mobiliar, dagegen gute Ventilations- und Sprayvorrichtungen, viel Wasser, sowie einfache Waschvorrichtungen und desinficirende Lösungen in reichster Menge. Alle Schränke mit Instrumenten, Verbandgegenständen, Arzeneien, Decken etc. können, wenn die localen Verhältnisse es erlauben, ebensowohl in der Nähe des Operationszimmers stehen, als in demselben. — Zur allgemeinen Reinlichkeit muss eine derartige — in Kiel zur Zeit leider nicht vorhandene — Einrichtung ausserordentlich viel beitragen, ohne irgend welche Unbequemlichkeiten zu veranlassen, wenn sich die Betheiligten nur daran gewöhnen wollen, vor Beginn der Operation alle nothwendigen Dinge an den richtigen Platz zu stellen.

Sprayapparate.

Wir benutzen zur Desinfection der Luft in unserer Klinik einen ausserordentlich wirksamen Apparat, den ich vor einigen Jahren mit Hülfe des Herrn Ingenieur *Busley* in folgender Weise construiren liess:

Etwa 100 Schritte vom Operationsraum der chir. Klinik entfernt, stehen die Dampfmaschinen der akademischen Heilanstalten. Wir liessen nun in unmittelbarer Nähe derselben eine Luftcompressionspumpe aufstellen, welche von den Kesseln mit Dampf gespeist wird. Von dieser Pumpe führt ein 3 ctm. weites Luftzuleitungsrohr in den Operationsraum und endigt daselbst mit 3 Endröhren. — Fig. 10 und 11.

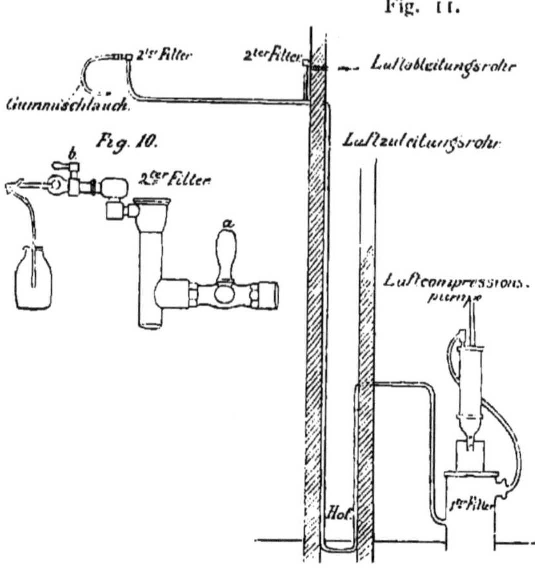

Zwei derselben sind nach Einschaltung eines Doppelcharniers, welches Bewegungen nach allen Richtungen gestattet, mit einer konisch sich verjüngenden Spitze, gleich denen am bekannten Dampfapparat *Lister's*, versehen. Das Endrohr ist mit einem Gummischlauch in Verbindung gebracht, durch welchen die Verwendbarkeit eines transportablen gewöhnlichen Sprayapparates mit Luftdruck ermöglicht wird. — Sobald durch Oeffnung eines Haupthahnes die Verbindung mit dem Dampfkessel hergestellt ist, strömt mit grosser Gewalt comprimirte Luft durch die fein auslaufenden Endröhren, stellt über der feinen Ausgangsöffnung, eines in $2\frac{1}{2}\ ^0/_0$ Carbollösung ragenden Schlauches, einen luftverdünnten Raum her, saugt die Lösung an und treibt sie in kaum sichtbarem Nebel, je nach dem Druck, mit welchem man die Pumpe arbeiten lässt, 2—4 Meter fort. — Wir können bei gleichzeitiger Benutzung aller drei Sprays und bei nur 0,5 bis 0,75 Atmosphären Ueberdruck fast den ganzen Operationsraum unter Carbolnebel setzen, welcher so fein ist, dass er weder das Gesichtsfeld trübt, noch die Finger sichtbar netzt.

Die comprimirte Luft streicht auf ihrem Wege zur Klinik zwei Mal durch einen mit Watte gefüllten Kasten und gelangt somit filtrirt und frei von Bacterien in die Klinik.

Zur Erklärung obiger Zeichnung ist nach den gegebenen Erläuterungen nicht viel hinzuzufügen. Der Hahn b — Fig. 10 — wird geschlossen, wenn der Spray während bestehender Verbindung mit der Luftcompressionspumpe abgestellt werden soll. Um aber inzwischen die Leitung nicht zu sehr durch die in das Rohr gepresste Luft zu belasten, wird letztere durch Oeffnen des Hahnes a — Fig. 10 — durch ein nach aussen führendes Ausströmungsrohr abgeleitet. Der zweite mit einem abschraubbaren Deckel versehene Filter — Fig. 10 — enthält einen antiseptischen Ballen, welcher öfters erneuert wird.

Die Vortheile dieses Apparates liegen auf der Hand. Er ist billig, denn die Kosten des pro Stunde verbrauchten Kesseldampfes betragen nur 80 Pf. Man spart Personal, da der Spray nach Oeffnung der Hähne und Füllung der Carbolflaschen mit $2^{1}/_{2}$ % Lösung selbständig fortarbeitet. Das Anlagekapital betrug bei uns ca. M. 400,00, die Unterhaltungskosten sind minimal und Reparaturen voraussichtlich sehr selten nothwendig.

Wenn die lokalen Hospitalverhältnisse die Construction eines derartigen Apparates nicht ermöglichen, muss man sich, ebenso wie in der Privatpraxis, eines Dampf- oder mehrerer Handsprays bedienen.

Bekanntlich haben *Trendelenburg*, *v. Bruns*, *Mikulicz* und Andere in der letzten Zeit den Spray nicht mehr benutzt und trotzdem gute Resultate erzielt. *v. Nussbaum*, *Volkmann*, *Lister* und Andere stimmen dagegen für Beibehaltung des Sprays. Auch wir haben uns nicht entschliessen können, denselben abzuschaffen. Ich bin zwar nicht der Ansicht, dass durch das temporäre Aussetzen des Sprays das Schicksal der Wunde im ungünstigen Sinne besiegelt werde, denn hundertfache Erfahrung spricht dagegen, indem auch dann noch Alles gut verlief. Für die Beibehaltung des Sprays sind jedoch zunächst unsere lokalen Hospitalverhältnisse von gewisser Bedeutung. — Etwa 200 Schritte entfernt liegt nämlich die pathologische Anatomie, in unmittelbarer Nähe das Waschhaus, die Küche und ein Hundestall. Diese Nachbarschaft sorgt dafür, dass nicht immer die beste Luft durch Thüren und Fenster in unsere Klinik eindringt. Ich lasse jede theoretische Erörterung bei Seite und behaupte nur, dass für einen Operationsraum sich eine reine, doppelt durch Watte filtrirte und carbolisirte Luft besser eignen

muss, als Küchen-, Waschhaus-, Hundestall- und Anatomie-
luft. — Dazu kommen noch alle sanitären Nachtheile eines verhältnissmässig kleinen mit vielen Menschen überfüllten Raumes.
Sind doch in unserer ca. 300 Cbkm. grossen Klinik oft
60 Menschen versammelt, die zum Theil direkt aus dem pathologischen Institut, wo sie stundenlang arbeiteten, oder auch aus
ihrer miasmenreichen poliklinischen Praxis kommen. Gewiss
tragen diese Herren mit ihren Kleidern Infectionserreger herum,
welche auf solche Weise in die Klinik gelangen und die Luft
derselben verunreinigen. — Wie viel Schmutz und Gestank
bringt schliesslich die Ambulance in die Klinik! Wenn nun
eine einfache, sicher arbeitende und wenig kostspielige Vorrichtung dafür sorgt, dass trotz dieses massenhaften schädlichen
Importes die Luft in der Umgebung des Operationsterrains stets
eine gleichmässig gereinigte und desinficirte bleibt, so will ich
doch diesem Vortheil nicht entsagen, weil vielleicht durch starke
Ausspülung der Wunde die inzwischen in dieselbe gelangten
Entzündungserreger unschädlich gemacht werden können. Ich
halte die Wirkung des Sprays während der antiseptischen
Operation für weniger wichtig, als vor Beginn derselben. Die
Sorge für reine Luft gehört zu den Vorbereitungen für
die Operation und in der Absicht, uns solche zu verschaffen,
wird nicht nur gut ventilirt, sondern auch durch den Spray
desinficirt. —

Ganz anders liegen die Verhältnisse für den Privatarzt. In
den meisten Häusern sind gewiss in der Zimmerluft weniger
Bacterien vorhanden, als in der verunreinigten Atmosphäre
einer Klinik. Ferner ist es ein Unterschied, ob ich einen Verwundeten auf freiem Felde oder in einem überfüllten geschlossenen Raum operire. — Der Kriegschirurg kann ohne
Spray fertig werden, so lange er unter freiem Himmel thätig
ist, dagegen wird er denselben in überfüllten Kriegslazarethen
mit Vortheil benutzen. Kurz, dort wo annähernd reine Luft
erwartet werden kann, ist die Benutzung des Sprays überflüssig, dagegen möchte ich denselben in unreiner, bacterien-
reicher Luft nicht entbehren.

Esmarch's Wunddouchen und antiseptische Lösungen.

Vor Anlegung der Naht werden frische Weichtheilswunden
zunächst mit Bor-Salicyllösung und sodann mit Sublimatwasser

(1 : 1000) **irrigirt**. Wenn jedoch vor der Operation schon Eiterungen innerhalb des Wundbezirkes bestanden, wie z. B. bei Gelenkresectionen wegen Caries, Abscessspaltungen etc., so werden die Wunden wiederholt mit einer stärkeren Sublimatlösung (1 : 500) ausgespült. Zur Herstellung sämmtlicher Lösungen benutzen wir destillirtes Wasser.

Unter allen Wunddouchen ist dem *Esmarch*'schen *Irrigator*, wegen seiner einfachen Construction, der Vorzug zu geben. Im Interesse grösserer Sauberkeit wurde derselbe neuerdings aus Glas hergestellt und mit einer Glasspitze versehen. Fig. 12.

Fig. 12.

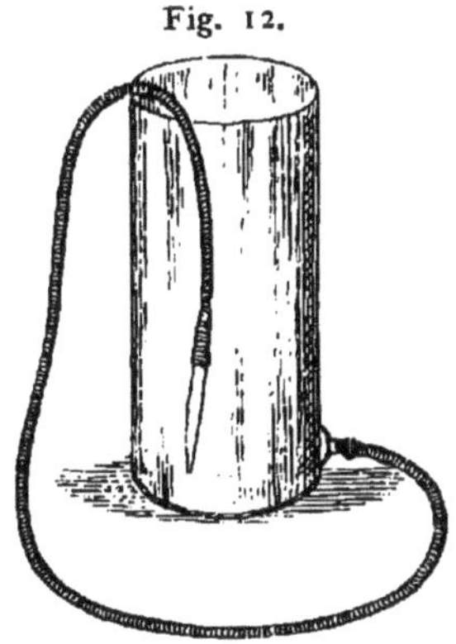

Hat man es mit übelriechendem Eiter, wie z. B. bei alten Nekrosen und Knochengeschwüren zu thun, so empfehle ich die Benutzung einer *Hochdrucksdouche*. Das mit Sublimatwasser (1 : 500) gefüllte Reservoir derselben — am besten eine ziemlich grosse Tonne — steht 15—20 Fuss über dem Fussboden des Operationsraumes. Eine Rohrleitung führt von dort in den letzteren. — Mit Hülfe einer solchen Vorrichtung kann man die Sublimatlösung unter sehr starkem Druck auf die Wundflächen richten, so dass nicht nur die letzteren bespült, sondern auch alle der Wunde naheliegenden Gewebe bis zu einer gewissen Tiefe damit imbibirt und somit energisch desinficirt werden.

Die bei uns während der Operation gebräuchlichen antiseptischen Lösungen und die Art ihrer Verwendung sind in der folgenden Tabelle übersichtlich zusammengestellt:

1 "/₀ *Carbollösung* zur Reinigung der Patienten in der Umgebung
der Wunde nach der Operation.

3 °/₀ *Carbollösung* zur Füllung der Instrumentenschaalen und
Desinfection der Instrumente.

5 °/₀ *Carbollösung* zur Desinfection der Hände, Decken, Tische etc.

Bor-Salicylsäure (1 Salicyl, 6 Borsäure auf 500 Wasser) nach
Thiersch-Credé zur Wundirrigation während der Operation.

Schwache Sublimatlösung (1 : 1000) zur Desinfection frischer
Wunden — unmittelbar vor Anlegung der Naht.

Starke Sublimatlösung (1 : 500) zur Desinfection von Wunden in
chronisch oder acut entzündeten Geweben — unmittelbar
vor Anlegung der Naht.

8 °/₀ *Chlorzinklösung* zur Desinfection belegter Geschwüre sowie
vor Beginn und am Schluss aller Operationen in septisch
inficirten Geweben.

Jodoformaether (1 : 7) zur Desinfection der Haut des Patienten
unmittelbar vor Beginn der Operation.

Tupfer und Schwämme.

Wenn während blutiger Operationen eine wiederholte
Reinigung der Wundfläche nothwendig ist, so sind Schwämme,
Wattebäusche oder Tupfer nicht zu entbehren. Letztere bestehen aus Wattebäuschen, welche in Sublimatgaze eingebunden
sind, sie werden nach einmaliger Benutzung vernichtet. — Da
der wiederholte Gebrauch derselben Schwämme bei ungenügen-
der Sorgfalt sehr leicht die Veranlassung zu Infectionen bieten
kann, ist absolute Reinlichkeit in dieser Beziehung ganz
besonders wichtig. Das beste Verfahren zur Reinigung der
Schwämme ist folgendes: Nachdem dieselben zunächst in heissem
Wasser ausgedrückt, getrocknet und so lange geklopft wurden,
bis kein Sand mehr darin ist, werden sie 24 Stunden in eine
Lösung von Kali hypermanganicum (1 : 500) gelegt, sodann
mit reinem Wasser ausgewaschen und in eine 1 °/₀ Solutio natri
subsulphurosi, zu der man 8 °/₀ reine concentrirte Salzsäure
gesetzt hat, gethan, bis sie (in ca. ¹/₄ Stunde) weiss geworden
sind. Hierauf spült man sie nochmals längere Zeit in reinem
Wasser aus.

Wir haben vier verschiedene Sätze von Schwämmen vorräthig. Jeder Satz reicht für eine Woche aus. Ein Mal
benutzte Schwämme werden gründlich in heissem Wasser
gereinigt und liegen sodann 4 Wochen bis zu ihrer nächsten

Verwendung in 5 °/₀ Carbollösung. Ausserdem werden dieselben vor ihrer erstmaligen Benutzung, sodann aber in Intervallen von 8 Wochen, nachdem sie also zwei Mal Verwendung
fanden, nach der oben gegebenen, von Dr. *Keller*[1]) herrührenden
Vorschrift mit Kali hypermanganicum, Soda und Salzsäure
desinficirt.

Verbandzimmer.

Das Verbandzimmer liegt in der Nähe des Operationsraumes, es ist sauber gehalten und gut ventilirt, ca. 50 Cbmtr.
gross. Das Inventar desselben besteht aus mehreren Repositorien und einigen Marmortischen. Auf den Repositorien
befinden sich die für Herstellung der Verbände nothwendigen Rohstoffe (rohe und appretirte Gaze, Jute, Carbolsäure,
Salicylsäure, Thymol- und Jodoformbestände), angefeuchteter
Torfmull, rohe und entfettete Watte, Schwämme, diverse Gazebinden, Tupfer und die präparirten Verbandstoffe: Jodoformjute, Watte, Gaze etc. sind in luftdicht schliessenden grossen
Glashäfen aufgestellt. In kleineren Glashäfen werden carbolisirter Zwirn, Borlint und — nach Nummern geordnet — die
verschiedenen Sorten Seide, Catgut, Gummi- und resorbirbare
Drains aufbewahrt. — An der Wand hängt eine Modelltafel,
welche Form und Grösse der in Kiel gebräuchlichen Verbandpolster wiedergiebt, in einem Kasten befinden sich Sicherheitsnadeln, Nähnadeln und 2 grosse Verbandscheeren.

Verbandstoffe.

In dem Verbandzimmer werden alle bei uns gebräuchlichen *Verbandstoffe* von den Schwestern angefertigt. Letztere
dürfen den Raum nur nach sorgsamster Desinfection betreten
und denselben während der Arbeit nicht wieder verlassen. —
Seit 1¹/₂ Jahren verbinden wir fast alle Wunden mit *Torfpolstern.* — Die Anfertigung derselben nach den, in Fig. 13
vorgezeichneten, Modellen geschieht in folgender Weise: Aus
feinmaschiger Rohgaze, welche vorher längere Zeit in Sublimatwasser (1 : 500) lag, werden mit desinficirten Nadeln und carbolisirtem Zwirn, Beutel hergestellt, sodann von einer zunächst
offen gelassenen Seite aus mit Torfmull gefüllt und schliesslich auch

---

[1]) *Esmarch*, Handbuch der kriegschir. Technik, pag. 6.

hier durch eine Naht geschlossen. Die fertigen Polster liegen bis zu ihrer Verwendung — nach Grössen geordnet — in Blechkasten.

Moostorfmull. Die Zweckmässigkeit des Torfmulls als Verbandmaterial war uns durch folgende Erfahrung nahe gelegt worden:

Ein Arbeiter verletzte sich im Moor erheblich an Hand und Vorderarm; in Ermangelung irgend eines Verbandmaterials bat der Verunglückte einen Kameraden, ihm doch die ganze Wunde mit schwarzem Torfbrei bedecken zu wollen. Dies geschah nachdem der verletzte Arm auf eine Holzlatte gelegt war, sodann wurde das Ganze mit Tüchern fixirt und der Arm in eine um den Hals geschlungene Binde gelegt. — Die Anfangs bestehenden Schmerzen liessen bald nach, Blut trat an keiner Stelle durch, der Patient wanderte ohne Unterstützung nach Hause, befand sich während der folgenden Tage ausserordentlich gut und liess daher den Verband unberührt liegen. — So vergingen 8—10 Tage, bis Patient sich endlich veranlasst sah, über den Verlauf in der chir. Klinik zu berichten.

Das Befinden des Patienten liess zur Zeit der Aufnahme Nichts zu wünschen übrig, die Temperatur war normal, der Appetit gut und Schmerzen nicht vorhanden. — Eine dicke Schicht schwarzer, inzwischen angetrockneter Torferde bedeckte den rechten Vorderarm. Nachdem letzterer in mehreren Bädern gereinigt und der Verband abgeschwemmt war, zeigte sich zu unserem grössten Erstaunen eine theils von schönen Granulationen erfüllte, theils primär vereinigte offene Wunde beider Vorderarmknochen und wahrscheinlich auch des Handgelenkes. — Die Umgebung der Wunde war vollkommen reactionslos, Eiterung bis jetzt nicht eingetreten und nach Correction der etwas fehlerhaften Stellung des fracturirten Vorderarmes wurde ein antiseptischer Verband angelegt, unter welchem die Wunde heilte. Der Patient erlangte späterhin volle Funktion seiner Hand wieder. — Dies Alles ereignete sich vor nahezu 3 Jahren während der Sommerferien; ich beschloss sofort diese eigenthümliche Erfahrung zu verwerthen, um eventuell zu ermitteln, ob der Torfbrei oder der angefeuchtete resp. antiseptisch präparirte Torfmull ein passendes Verbandmaterial sei.

Zunächst brachte ich in Erfahrung, dass in früheren Zeiten der Torf als Verbandmaterial von Curschmieden und ähnlichen Heilkünstlern bei Verletzungen des Viehs vielfach mit Erfolg benutzt worden sei. In gewissen Districten Mecklenburgs soll

derselbe noch jetzt unter dem Volke ein beliebtes Verbandmaterial für frische Wunden sein; ferner hatte während der letzten
Jahre die vielfache Verwendung des Torfes in der Landwirthschaft
den Beweis für die eminente Absorptionsfähigkeit der Torf-
streu geliefert und schliesslich deuten die vor etlichen Jahren in
unserer Provinz aufgefundenen Moorleichen mit Sicherheit
darauf hin, dass organische Substanzen unzersetzt und ohne
Fäulniss Jahrhunderte lang in der Tiefe eines Torflagers liegen
können. Alles dies sprach hinsichtlich der von mir geplanten
Versuche für die Wahrscheinlichkeit eines günstigen Erfolges.

Für meine Experimente benutzte ich zunächst gepulverten
Moostorf. Letzterer ist an verschiedenen Stellen unserer Provinz in schönster Qualität vorhanden und findet nicht nur als
Brennmaterial, sondern auch nach Zersägung in Platten die
verschiedenartigste Verwendung. — Die beim Zersägen des
Moostorfes abfallenden Spähne schwemmte ich mit 5 % Carbollösung auf und benutzte sie dann für meine Versuche. — Das
Genauere über das Ergebniss der letzteren ist bereits im
v. Langenbeck'schen Archiv publicirt worden, hier sei nur hervorgehoben, dass sich ein ausserordentlich grosses Absorptionsvermögen für Flüssigkeiten herausstellte — der Torf saugt nämlich das neunfache seines eigenen Gewichtes und eignet sich
allein schon aus diesem Grunde ganz vorzüglich für unsere Zwecke.

Nach einem wissenschaftlichen Gutachten des Professor
Schultze [1] über einen dem holsteinischen ganz ähnlichen Moostorf, welcher in Braunschweig vorkommt, enthält derselbe

Feuchtigkeit	20,98 %
Asche	5,07 ,,
Organische Substanz . . .	73,95 ,,
darin Stickstoff	0,46 ,,

Demnächst mit dem Moostorfmull, theils von Dr. Gaffky,
theils von mir [2] angestellte Versuche ergaben folgendes:

1) Derselbe wirkt nicht entzündungserregend, denn ich
konnte frische und granulirende Wunden mit Torf bedecken,

---

[1] Cfr. Gutachten der Moor-Versuchs-Station über Torf, welcher zur Torfstreu-
Fabrikation verwandt wird. Von *Dr. M. Fleischer.*

[2] Klinische, experimentelle und botanische Studien über die Bedeutung des
Torfmulls als Verbandmaterial. *Neuber, Gaffky, Prahl.* — v. Lgb. Arch. Bd. 28.
Heft 3.

ohne dadurch Entzündungen hervorzurufen; ferner ertrugen Hunde, Kaninchen und Meerschweinchen, denen ich Torfwasser in die Gewebe injicirte und Torfballen in die Bauchhöhle einführte, diese Eingriffe reactionslos; nur ein Meerschweinchen starb 2 Stunden nach der Operation im Collaps.

2) Der Moostorfmull enthält entwicklungsfähige Schimmelpilze und Coccen, er kann die Zersetzung organischer Stoffe wohl etwas verzögern, nicht aber verhindern. (Gaffky.)

Die zunächst mit dem Torfmull angestellten klinischen Versuche führten zu sehr günstigen Resultaten. Wir benutzten denselben alsbald ausschliesslich für unsere Dauerverbände und nach nunmehr 1½jähriger Erfahrung können wir behaupten, dass der Moostorf alle guten Eigenschaften der bislang gebräuchlichen Verbandstoffe besitzt, ausserdem aber folgende Vorzüge gewährt:

1) Der Moostorf besitzt ein ganz ausserordentliches Absorptionsvermögen für Sekrete, Eiter und Blut. Er saugt das Neunfache seines eigenen Gewichtes an Flüssigkeit auf und die von der Wunde gelieferten Sekrete werden sehr gierig vom Torfmull aufgenommen.

2) Der angefeuchtete Torfmull ist ein ausserordentlich weiches Material, derselbe lässt sich vor Anlegung des Verbandes in den Gazebeuteln — etwa vorhandenen Niveaudifferenzen der Körperoberfläche entsprechend — leicht verschieben, so dass man, je nach Wunsch und Bedürfniss in kürzester Zeit, die vorher gleichmässig dicken Polster durch Verschiebung ihres Inhaltes an der einen Stelle dicker, an der anderen dünner machen und somit der Körperoberfläche genau anschmiegen kann.

3) Der Torfmull ist billiger, als jedes andere für antiseptische Zwecke geeignete Material schon an sich, dann aber besonders, *weil jede antiseptische Präparation bis auf die Anfeuchtung mit Sublimatlösung weg fällt*; z. B. betragen die Gesammtkosten eines Torf-Dauerverbandes sammt Binden etc. für eine Amputationswunde des Oberschenkels M. 1,50. — Wenn man dazu bedenkt, dass die Wunden bei unserem Verfahren meist unter einem einzigen Verbande heilen, so handelt es sich in der That anderen Methoden gegenüber um sehr bedeutende Ersparungen.

Im trocknen Zustand schwimmt der Moostorf ähnlich wie ein trockner Schwamm auf dem Wasser und saugt dasselbe nur sehr langsam auf, sobald er aber eine gewisse Feuchtigkeit besitzt (8o—9o %) absorbirt er ganz rapid. — Unser Fabrikant ist daher angewiesen, den Moostorf vor der Versendung mit Sublimatwasser (1 : 1000) anzufeuchten — damit ist zugleich die ganze antiseptische Präparation vollendet. Sollte der Feuchtigkeitsgrad nach längerem Stehen verringert sein, so muss etwas Sublimatwasser zugesetzt werden, bis der frühere, durch das Gefühl annähernd bestimmbare Feuchtigkeitsgehalt wieder erreicht ist. —

Die Torfmullpolster sind in verschiedenen Grössen vorräthig. — Im Allgemeinen gebrauchen wir für jede Wunde ein kleines (Fig. 13 a) und ein grosses Polster (Fig. 13 b). Als Füllungsmaterial der kleinen, für die unmittelbare Bedeckung der Wunde bestimmten Polster benutzten wir früher 5 % Jodoform-Moostorf. Seit etwa 7 Monaten ist statt dessen ein Gemenge im Gebrauch, welches 5 Gewichtstheile schwarzen und einen Theil Moostorf enthält. —

Der *schwarze Torf*[1]) ist viele Jahrhunderte alt, liegt an manchen Stellen unserer Provinz 10—20 Fuss unter der Erdoberfläche, ist reich an Humussäuren, enthält weder

Schwarzer Torf.

---

[1]) Der mir von Herrn *Dr. Neuber* zur Untersuchung zugesandte Torf, aus dem Lütjenhorner Moor bei Leck, unterscheidet sich sehr wesentlich von dem leichten Fuchstorf von Uetersen, der den früher allein in der Klinik benutzten Torfmull lieferte. Von schwarzbrauner Farbe, weit höherem specifischen Gewicht, fester Consistenz stellt er den Torf dar, wie er zur Heizung benutzt wird. Im Gegensatz zum Fuchstorf saugt er ferner Wasser nur äusserst langsam und in weit geringerer Menge ein; kleine in's Wasser gelegte Stückchen schwimmen zum Theil noch nach mehreren Tagen und bleiben an der oberen Fläche trocken, ebenso erhalten sich grössere Stücke im Wasser liegend, wobei sie fast ihr eigenes Volumen an Wasser verdrängen, im Inneren lange Zeit trocken.

Mikroskopisch erscheint der Torf grösstentheils amorph. Man bemerkt in demselben an Formbestandtheilen nur Stengeltheile von Calluna und namentlich reichlich Fasern von Cyperaceen, welche letzteren ein helleres Braun zeigen. Die dunkleren Partien sind von der Consistenz der Braunkohle und zeigen an Schnittflächen wie diese einen matten hornartigen Glanz. Formbestandtheile sind mikroskopisch in denselben nicht zu erkennen, längere Zeit aufgeweicht und zerzupft, lassen sie unter dem Mikroskop neben dunkelbraunen amorphen Klümpchen, Körnchen von Quarzsand und zahlreiche Reste von Moosen erkennen, Stengeltheile von Sphagnum-Arten und Bryaceen, sowie Bruchstücke von Blättern dieser Pflanzen. Ganz erhaltene Blätter, wie im Fuchstorf von Uetersen, fand ich nicht darin, doch war die Structur der Blätter deutlich erkennbar und schienen die an Zahl vorherrschenden Sphagnum-Blätter auch hier vorwiegend dem Sphagnum acutifolium anzugehören.

Dr. Prahl.

Schimmelpilze noch Coccen und verhindert die Zersetzung organischer Stoffe. — In diesem schwarzen Torf wurden die Moorleichen, welche sich Jahrhunderte conservirt hatten, gefunden — eine die fäulnisswidrige Eigenschaft desselben beweisende Thatsache. — Organische Stoffe, z. B. Fleisch, Knochen etc. können Monate lang im angefeuchteten schwarzen Torf liegen, ohne dass Zeichen beginnender Fäulniss auftreten. — Das Absorptionsvermögen des schwarzen Torfes ist zwar gering, aber er gestattet den Wundsekreten unbehinderten Durchgang in die oberen Schichten des Verbandes, welche aus Moostorf bestehen und sehr gut aufsaugen. —

Gemischter Torfmull.
Durch eine Vermischung des pulverisirten schwarzen Torfes mit dem Moostorf erhält man einen für unsere Zwecke ausgezeichnet qualificirten Verbandstoff. — Das Absorptionsvermögen dieses Torfgemenges oder gemischten Torfmulls ist gleich dem 7fachen des eigenen Gewichts, die fäulnisswidrigen Eigenschaften desselben sind klinisch und experimentell constatirt. —

Wir benutzen demnach drei verschiedene Torfarten:

1) den mit *Sublimatwasser* angefeuchteten *Moostorfmull* als Füllungsmaterial der grossen Polster. —

2) den ebenfalls mit *Sublimatwasser* angefeuchteten *gemischten Torfmull* als Füllungsmaterial der kleinen Polster. —

3) das unpräparirte und trockene *schwarze Torfpulver* als Streupulver für bestimmte — pag. 45 — näher bezeichnete Fälle.

Grösse und Form der Polster.
Die Grösse der kleinen Polster beträgt im Allgemeinen 40 ctm. im Quadrat, die für das Gesicht, den Kopf, die Finger und für unbedeutende Verletzungen anderer Körpergegenden bestimmten kleinen Torfverbände haben 12 ctm. im Quadrat; die Form der Halspolster ist rechteckig. — Für die grossen Polster genügen zwei Formate, von denen das kleinste 55 Quadratcentimeter gross, das grösste 70 ctm. lang und 55 ctm. breit ist.

In vielen Fällen gelingt eine faltenlose und genaue Anlegung des Verbandes erst, nachdem die Polster seitlich einen oder mehrfache Einschnitte erhalten haben, welche entsprechend den auf beifolgender Modelltafel — Fig. 13 — gegebenen Vorschriften bereits vor Anfüllung der Beutel gemacht und umsäumt werden.

Modelle für kleine Polster.

Fig. 13a.

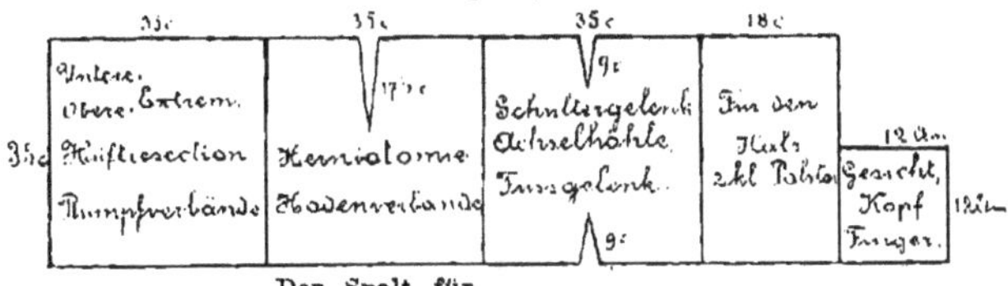

Der Spalt für
d. Penis.

Modelle für grosse Polster.

Fig. 13b.

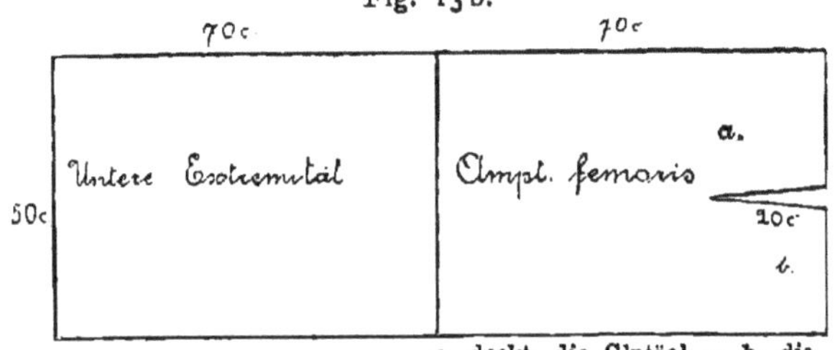

a. deckt die Glutäal — b. die
Unterbauchgegend, der Spalt liegt
hoch an der Innenseite des Oberschenkels. Cfr. Fig. 26.

Fig. 13c.

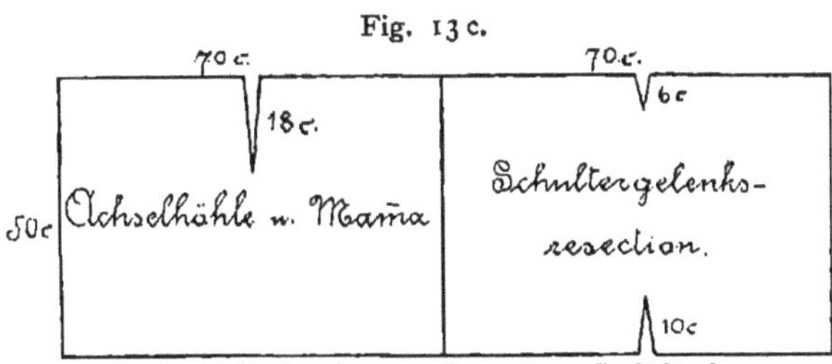

Der Spalt für den Arm.

Der grössere Spalt für das untere
Ende des Oberarmes, die Polster-
theile zu beiden Seiten des kleinen
Spaltes werden über vordere und
hintere Schultergegend gelegt. —

Fig. 13d.

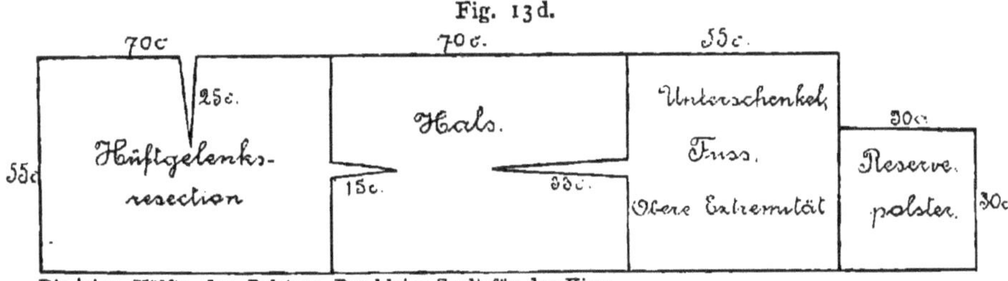

Die 'eine Hälfte des Polsters
wird um den Oberschenkel gelegt, die andere Hälfte liegt der
kranken Beckenseite u. Glutäalgegend an. Das untere Ende
des Spaltes befindet sich in der
Nähe des Afters. —

Der kleine Spalt für das Kinn,
der grosse Spalt für die Schultergegend.

Um eine Verschiebung des Torfmulls während des Anlegens der Polster zu vermeiden, sind dieselben, je nach ihrer Grösse, ein- oder mehrfach mit carbolisirtem Zwirn durchnäht. — Die Dicke der Polster beträgt je nach ihrer Grösse $1\frac{1}{2}$—$2\frac{1}{2}$ ctm., alles Uebrige über Form, Grösse, Einschnitte etc. geht ohne Weiteres aus den Figuren 13 a—d hervor. — Bei corpulenten Individuen sind die angegebenen Grössen nicht immer ausreichend; wir halten daher sogenannte Reservepolster von 30 ctm. im Quadrat vorräthig, welche benutzt werden, sobald die typischen Verbände zu klein sind.

Carbolpräparate. Statt dieser Torfpolster gebrauchten wir vordem *Jodoformjute* und noch früher *Carboljutepolster;* auch kann man gewiss andere antiseptische Stoffe, z. B. die verschiedenen Watte- und Gazepräparate und manche andere Dinge als Material für Dauerverbände benutzen. — Zwar ist nach unseren neueren Erfahrungen der Torf vorzuziehen, aber man wird für gewisse Fälle die anderen Verbandstoffe durchaus nicht vollkommen entbehren können, ich gebe daher für die Herstellung der wichtigeren folgende Anweisungen:

1. Bereitung der $10^0/_0$ Carbolgaze und Carbolwatte nach P. Bruns. [1]

Man stellt aus *1000* Cubikcentimeter *Spiritus,*

   200   ,,   *Colophonium,*

   20   ,,   *Ricinusoel* und

   50   ,,   *Carbolsäure*

eine Mischung her, indem man die Carbolsäure erst zusetzt, wenn sich die übrigen Theile bereits gelöst haben. — Mit dieser Masse werden 500 Gramm rohe Gaze durchtränkt. Die letztere ist sofort nach dem Trocknen verwendbar. — Die Carbolwatte wird ebenso hergestellt, nur gebraucht man statt 1000 etwa 1500 Cbctm. Spiritus, statt der Gaze entfettete Watte. — Der so bereitete Verbandstoff enthält $10\,^0/_0$ Carbolsäure.

Jodoformpräparate. *2. Bereitung der $10^0/_0$ Jodoformwatte, Jute und Gaze.*

Es werden in einer Lösung von .

50,0 Jodoform in	*50,0 Jodoform* in	*50,0 Jodoform* in
250 Cbctm. *Aether* und	*250* Cbctm. *Aether* und	*250* Cbctm. *Aether* und
500 ,, *Alkohol:*	*750* ,, *Alkohol:*	*1000* ,, *Alkohol:*
500 Gramm *Jute.*	*500* Gramm *Gaze.*	*500* Gramm entfettete *Watte*

[1] *P. Bruns.* Einige Vorschläge zum antiseptischen Verbande. Berlin. Klin, Wochenschr. 1878, No. 29.

mit Hülfe einer Wringmaschine schnell durchfeuchtet. — Aether und Alkohol verfliegen, während das *Jodoform* ausfällt und im Verbandstoff gleichmässig vertheilt liegen bleibt. Auf diese Weise gewinnt man 10 % Jodoformjute-Gaze und Watte. Ganz ähnlich können 5 % Jodoformpräparate hergestellt werden. — Salicyl-, Benzoësäure- und Thymolpräparate haben wir bislang, falls Bedürfniss vorlag, von Max Arnold bezogen.

Unter den neueren Verbandstoffen verdienen *Sublimatsand* und *Asche* nach Dr. *Kümmell*[1]) und *Torfmoos* nach Dr. *Mielk*, *Leisrink*[2]), *Prahl*[3]) Erwähnung. — *Sand und Asche* würden gewiss sehr brauchbar sein, wenn sie ein höheres Absorptionsvermögen für Flüssigkeiten besässen. *Torfmoos* absorbirt ausgezeichnet und eignet sich für Verbandzwecke in der von Mielk und Prahl angegebenen Form sehr gut, muss jedoch vor der Benutzung besonders präparirt werden. — Ich habe ferner kürzlich darauf aufmerksam gemacht, dass man noch viele andere Stoffe als Verbandmaterial benutzen kann, z. B. *Sägespähne (Porter)*[4]), Lohe, Eichenrinde, *Kleie*[5]) etc. Mit Sägespähneverbänden sind in der Kieler Klinik ausgedehnte Versuche gemacht worden, dieselben eignen sich nach mässiger Anfeuchtung mit Sublimatwasser für Verbandzwecke ganz ausgezeichnet, und in Gegenden, wo die Beschaffung des Moostorfes Schwierigkeiten bereitet, würde ich ohne Bedenken Spähnepolster verwenden. Dr. *Addinell Hewson*[6]) in Philadelphia benutzt seit ca. 10 Jahren Erdverbände. Die Technik derselben ist folgende: Direct auf die Wunde wird Curcuma- oder Seidenpapier gelegt, darüber in dicker Schicht getrocknete und gesiebte gelbe Lehmerde („yellow subsoil from deep diggings") und zunächst mit Seidengaze, sodann mit Tarlatanbinden befestigt. — Der Verband kann mehrere Tage liegen; sobald er von Sekret durchtränkt ist, legt Hewson frische Erde darunter, welche die durchsickernden Sekrete aufnimmt. — Die

Randnote: Sand, Asche, Torfmoos, Sägespähne, Erde etc.

<hr>

[1]) *Kümmell:* v. Langenbeck's Archiv Bd. 28. Heft 3. —

[2]) *Dr. Mielk* und *Leisrink*. — Berlin. klin. Wochenschrift 1882.

[3]) *Neuber, Prahl:* v. Langenbeck's Archiv Bd. 28. Heft 3.

[4]) *Porter.* The Surgeons Pocket Book. pag. 65.

[5]) *Dr. Rhea Barton's* bran dressing, ref. Centralbl. für Chirurgie 1882. No. 14.

[6]) *Dr. Addinell Hewson.* a) Earth as a topical Application in Surgery. Philadelphia 1872. b) An Address before the Delaware county Medical Society. Philad. 1874.

Methode scheint in Amerika keine Verbreitung gefunden zu haben.

Gazebinden. Zur Befestigung der Verbände an den operirten Körpertheilen benutzten wir bis dahin *Gazebinden* und zwar rohe für die kleinen, appretirte für die grösseren Polster. Dieselben sind im Allgemeinen 6 mtr. lang und 10 ctm. breit; für Hand-, Fuss- und Kopfverbände werden schmälere Binden von 4—6 ctm. Breite gebraucht. — Diese nicht besonders präparirten Binden liegen 4—6 Tage vor der Verwendung in Sublimatlösung.

Cambricbinden. Neuerdings haben wir Versuche mit *Cambricbinden,* welche vor der Verwendung längere Zeit in Sublimatlösung gelegen hatten, gemacht. — Dieser Stoff ist weicher und doch haltbarer als Gaze, die Binden schmiegen sich der Körperoberfläche sehr genau an, ohne die Haut zu irritiren. — Letzteres ist ein Vortheil gegenüber den steifen Gazebinden, welche aus dem Grunde an den Verbandgrenzen stets eine Watteunterfütterung erhalten müssen. — Die Cambricbinden können gewaschen, desinficirt und wiederholt benutzt werden. —

II. Allgemeines über die Ausführung der antiseptischen Operation.

Je schneller die Ausführung der Operation, je gleichmässiger und sicherer die Schnittführung, je seltener die Benutzung von Schwämmen und Tupfern, desto geringer die Wahrscheinlichkeit einer Infection, desto geringer auch die durch mechanische Reizung der Wundfläche bedingte Sekretion während der ersten Tage des Wundverlaufes — Alles unbedingte Vortheile für die Wahrscheinlichkeit des ungestörten Verlaufes und der primären Verklebung.

Von diesem Gesichtspunkte aus kommt auch der *künstlichen Blutleere* eine besondere Bedeutung für die antiseptische Methode zu, weil man damit schneller operiren kann und selten Veranlassung findet, die Wunde durch Schwämme, Tupfer oder antiseptische Berieselungen zu insultiren. Aus demselben Grunde suchen wir auch in solchen Körperregionen, wo die elastische Einwickelung oder irgend eine andere Methode der lokalen Blutleere sich nicht anwenden lässt, die Operationen, zumal die Tumorenexstirpationen, dadurch möglichst blutlos auszuführen, dass wir uns bemühen, alle grösseren Gefässe vor der Durchschneidung doppelt zu unterbinden. —

Sehr gefährlich bei allen Operationen ist das gewiss anerkennenswerthe Bestreben in der Nähe stehender, aber mit unseren Vorsichtsmaassregeln nicht absolut vertrauter Zuschauer, zu helfen. — In irgend einem kritischen Moment suchen dieselben durch Darreichung eines Schwammes, eines Instrumentes, durch Fixirung des kranken Körpertheiles oder auf andere Weise ihre hülfreiche — aber meist nicht desinficirte Hand zur Disposition des Operateurs zu stellen. — Wir halten strenge darauf, dass nur eingeweihte, mit unseren Verhältnissen durchaus vertraute und in ihnen herangebildete Personen irgend welche Functionen während der Operation übernehmen dürfen.

Blutstillung.

Die nach Aufhebung der Constriction eintretende *paren-* *chymatöse Nachblutung* lässt sich durch energische Compression und wo thunlich, ausserdem noch durch hohe Lagerung des operirten Körpertheils herabsetzen oder ganz vermeiden. Die definitive Blutstillung wird meist durch Catgutligatur, selten durch Torsion oder Umstechung erreicht.

In Folge der durch die Chloroformwirkung herabgesetzten Herzthätigkeit ist der Blutdruck während der Narkose ein verhältnissmässig geringer, daher auch die Blutung aus den während der Operation durchschnittenen Gefässen eine relativ unbedeutende, d. h. sie würde in bewusstem Zustand des Patienten bei ungeschwächter Herzthätigkeit eine erheblichere sein. Kleine Gefässe, welche während einer Operation in Narkose fast gar nicht bluten, können, falls man dieselben nicht unterbindet, oft nach wieder eingetretenen normalen Blutdruckverhältnissen, — wenn nach vollendeter Operation der Patient aus der Narkose erwacht, erhebliche Nachblutungen herbeiführen. — Dies pflegt besonders nach Anwendung der künstlichen Blutleere, wo die nach Lösung der Constriction auftretende Gefässparalyse an sich schon parenchymatöse Blutungen veranlasst, der Fall zu sein. Es ist daher in Anbetracht dieser, nach aufgehobener Narkose und Blutleere eintretenden Blutungen sehr wichtig, *zahlreiche Ligaturen und sodann einen stark comprimirenden Verband anzulegen.* Nicht nur die grossen, während der Operation spritzenden Arterien oder — bei künstlicher Blutleere — die weit klaffenden Lumina, müssen unterbunden werden, sondern auch die kleinsten sichtbaren Querschnitte, aus denen das Blut während der Narkose kaum merklich sickert. — Diese Methode erfordert eine grosse Anzahl von Ligaturen; so machen wir z. B. bei Amputationen des Unterschenkels çr. 25, des Oberschenkels çr. 40, bei Exstirpationen der Mamma mit Achselräumung 30—40 Unterbindungen. Dazu gehört freilich etwas Geduld und falls es sich um blutlos auszuführende Operationen handelt, auch Uebung in dem Auffinden aller kleinen nicht blutenden Gefässdurchschnitte.

Catgut.   Als Unterbindungsmaterial verwenden wir *Kocher'sches Catgut*; die Lister'schen Präparate sind uns nicht sicher genug und die von Czerny neuerdings wieder empfohlene Seide ist zwar aseptisch, hat aber verschiedene andere Nachtheile. — Das alte Lister'sche Catgut haben wir lange benutzt, kamen jedoch von dem Gebrauch desselben zurück, nachdem es mehrfach die directe Veranlassung zu Misserfolgen geboten hatte. Wir sahen nicht selten circumscripte Eiterungen, welche zweifellos ihren Ausgang von den Catgut-Ligaturen oder Stichcanälen nahmen, während bei Seidenligaturen derartige Störungen nicht auftraten. — Wenn diese Eiterungen auch relativ selten und nie von ernster Bedeutung waren, so vereitelten sie dennoch zuweilen die prima intentio und bewiesen die hinsichtlich der aseptischen Eigenschaften ungenügende Qualität des Lister-schen Catgut. — Das neue Chromcatgut[1]) Lister's ist nicht besser als das alte Präparat. —

Nach diesen Erfahrungen schafften wir das Catgut ab und bedienten uns fernerhin der Seide nach Czerny[2]). Diese Seide ist zwar aseptisch, wird aber nicht resorbirt; die Ligaturen heilen nicht immer ein und die Nähte müssen entfernt werden — eine kleine Unbequemlichkeit für den Arzt, eine Verzögerung der Heilung, ja sogar eine geringe Infectionsgefahr für die bei der Entfernung jeder einzelnen Naht auf's Neue irritirte Wunde!

So sahen wir mehrere Patienten, welche mit vollkommen primär geheilten Wunden entlassen waren, nach $\frac{1}{4}$ oder $\frac{1}{2}$ Jahr wieder. Sie hatten sich bis dahin ganz wohl befunden; allein

[1]) Lancet, Febr. 5. 1881. —
[2]) Dr. Czerny: Beiträge zur operativen Chirurgie, pag. 11.

allmählich entstand in der Umgebung der Narbe eine schmerz-
hafte Anschwellung. Nach Eröffnung derselben entleerte sich
mit dem abfliessenden Eiter eine Seidenligatur, oder wir eröffneten ein Granulationslager, in dessen Centrum Seidenfäden
lagen. — Also auch mit der Seide waren wir nicht zufrieden,
bemühten uns daher wieder, ein resorbirbares, gleichzeitig aber
zweifellos aseptisches Material zu beschaffen und glauben ein
solches in dem Kocher'schen Catgut gefunden zu haben. — Wir benutzen letzteres nunmehr seit 1 ½ Jahren, ohne jemals eine vom
Catgut ausgehende Störung beobachtet zu haben. — Die
Kocher'sche Vorschrift [1]) ist sehr einfach: Man wickelt gewöhnliche Darmsaiten [2]) auf einen Glascylinder event. um eine Medicin-
flasche, stellt dieselben 24 Stunden in reines Wachholderöl,
rollt das Catgut sodann auf einen anderen Glascylinder und be-
wahrt es schliesslich in Alkohol auf. Kurz vor dem Gebrauch
wird ein Fadenende von hinreichender Länge abgewickelt, in
eine mit Jodoformäther (1 : 7) gefüllte Glasschaale gelegt und
in das Operationszimmer gebracht. Andere legen das alkoholisirte
Catgut vor der Verwendung in 5 % Carbollösung. Wir sind
davon zurückgekommen, weil es alsdann aufquillt und an Halt-
barkeit verliert.

Nothwendigkeit der Sekretableitung.

In jeder Wunde bildet sich im Laufe der ersten 12—36
Stunden eine serös-blutige Flüssigkeit, welche aus nachge-
sickertem Blut und überreichlich abgesonderter Intercellular-
flüssigkeit besteht. — Die verschiedenen Schicksale dieses
Wundsekretes sind folgende:

1) Es fliesst durch günstig gelegene Wundspalten nach
   aussen ab, trocknet an der Oberfläche ein und bildet einen
   festen, braunrothen *Schorf*, unter welchem sehr oft Heilung erfolgt. —

2) Dem Gesetz der Schwere folgend, sammelt das Sekret sich
   in den tiefsten Wundbezirken an und bildet hier einen ausser
   Bereich der circulirenden Säfte stehenden — daher *todten* —
   Raum. — Der Inhalt dieses todten Raumes kann zur
   Resorption gelangen, in anderen Fällen kommt es zur

---

[1]) Prof. Kocher: Zubereitung von antisept. Catgut. Centralbl. f. Chir. 1881. No. 23.
[2]) Bezugsquelle nach Schede's Angabe: C. Wiesener, Berlin. Schwedenstr. 3a.

Organisation und Umwandlung in bleibendes Gewebe. — Dies sind die günstigeren, leider aber sehr seltenen Ausgänge, welche in weit überwiegender Mehrzahl nicht erfolgen, weil meistens das stauende Sekret durch die Thätigkeit der innerhalb der Wunde vorhandenen Micro-Organismen der Fäulniss anheimfällt, vereitert oder verjaucht. — Diese schädlichen Organismen gelangen fast in jede grössere Wunde und zwar entweder aus dem circulirenden Blut des Patienten *(Spontaninfection)*, oder, zuweilen sogar trotz aller antiseptischen Vorkehrungen von aussen *(Contactinfection)*. — Im Bereich der circulirenden Gewebsflüssigkeiten finden die eingedrungenen *Bacterien* ungünstige Ernährungsverhältnisse, gehen daher gewöhnlich zu Grunde, stören somit unter diesen Verhältnissen den Wundverlauf im Allgemeinen nicht. — Wenn aber durch stauendes Sekret innerhalb der Wunde todte Räume vorhanden sind, so finden *pathogene Pilze* ausserordentlich günstige Bedingungen für ihre Entwicklung. Diese tritt alsbald unter Zersetzung, der als Nährsubstanz dienenden Wundflüssigkeit, in lebhafter Weise ein. — Ein derartiges in Zersetzung begriffenes Sekret inficirt die Wunde. Es kommt zur Entzündung, Eiterbildung und je nach Intensität der Infection zu leichter oder schwerer Allgemeinerkrankung des Organismus.

Die Infectionsgefahr nimmt zu mit der Menge des innerhalb der Wunde stauenden Sekretes, es ist daher unsere Aufgabe, 1) die Sekretion möglichst herabzusetzen, 2) den dennoch gebildeten Sekreten Abflussgelegenheit zu verschaffen.

I. Die Herabsetzung der blutig-serösen Sekretion wird erreicht

1) durch *sorgsamste Blutstillung. (Ligatur, Torsion, Compression.)*
2) durch *Vermeidung* aller überflüssigen mechanischen resp. chemischen *Wundreize.* — In dieser Hinsicht sind von Belang
   a) *schnelle Ausführung der Operation,*
   b) *beschränkte Benutzung* von *Schwämmen, Tupfern* und *desinficirenden Lösungen,* —
   c) *möglichste Sparsamkeit* bezüglich der Einführung *fremder Gegenstände* in die Wunde. Demnach muss die *Torsion* der *Ligatur,* die *Canalisation* (cfr. pag. 29) der

Drainage, das resorbirbare *Drain* (cfr. pag. 32) dem
mehr reizenden *Gummidrain* vorgezogen werden.

d) möglichst *seltener Verbandwechsel*, denn jeder Verbandwechsel veranlasst neue Wundreize und dadurch bedingte Wundsecretion. —

3) durch *Anlegung* eines *Druckverbandes*, welcher die *kleinsten,
nicht unterbundenen Gefässe comprimirt*, und dem Nach-
sickern von Blut, sowie der *Absonderung* des *serösen Sekretes* direkt *entgegenwirkt*.

II. Ist es unsere Aufgabe, dem nach jeder Verletzung trotz
aller Vorsicht, trotz Blutstillung und Compression, sich an-
sammelnden Sekret Abflussgelegenheit zu verschaffen. Dies
können wir erreichen

1) durch lockere Naht, eventuell durch Einlegen von Catgutfäden. —

2) durch die *Canalisation*.

3) durch die *Drainage*.

Lockere Naht und Einlegen von Catgutfäden.

Unter Beachtung der pag. 28 erwähnten Punkte wird
man für viele kleine Wunden jede überflüssige Sekretbildung
verhindern können. Dem entsprechend lehrt unsere Erfahrung, dass *glatte und oberflächliche Wunden* (z. B. nach
Nervendehnungen, Gefässligaturen, Exstirpationen kleiner Geschwülste, Fingeramputationen, Resectionen der Interphalangeal-
gelenke etc.) nach Anlegung einer lockeren Naht primär
verkleben. In derartigen Fällen kann man auch in den oberen
resp. unteren nicht vernähten Wundwinkel einen oder mehrere
Catgutfäden legen, welche einen vorzeitigen Verschluss der offen
gebliebenen Theile der Wundspalte verhindern. — Bei *tiefen, spaltförmigen Wunden* von geringer Breite, z. B. nach einer
Osteotomie wird ein stark comprimirender Verband angelegt,
nachdem weder genäht noch drainirt war. — Die Wunden
heilen bei dieser Behandlung fast ausnahmslos unter dem
ersten Verbande, in welchem sich alsdann gar kein Sekret oder nur
gegenüber der Wundlinie ein kleiner Blutschorf vorfindet. —

Canalisation.

Die Hautcanalisation ist ein vor etwa 2 Jahren eingeführtes
Verfahren, welches sich für Weichtheilswunden eignet, die in

ihrer grössten Ausdehnung dicht unter der Haut liegen und voraussichtlich in längstens 10—14 Tagen *prima intentione* geheilt sein werden, (z. B. *Exstirpatio mammae*, *Exstirpation grösserer*, *subcutan* liegender Geschwülste, *plastische* Operationen etc.). Das einfache Verfahren besteht lediglich in der Durchlöcherung der Haut an einer oder mehreren abhängigen Stellen der Wunde. Das für diesen Zweck passende Instrument ist eine 26 ctm. lange, stark gearbeitete Zange (Fig. 14), deren kurze, im geschlossenen Zustand der

Fig. 14.

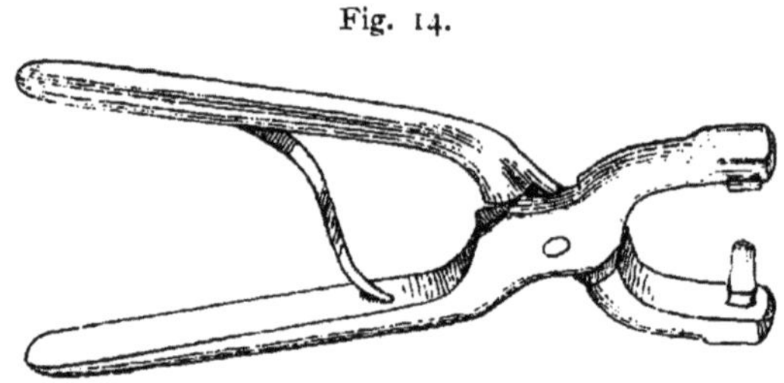

Zange parallel verlaufende Branchen, 3 ctm. von einander abstehen. Die eine Branche trägt eine kleine Messingplatte mit eingravirtem Ring, dessen Durchmesser der Weite des Lumens eines an seiner unteren Oeffnung geschärften Hohlcylinders, welcher an der anderen Branche befestigt ist, entspricht. Das Locheisen schlägt, bei einem kräftigen Druck auf die Griffe, glattwandige Canäle von dem hierneben dargestellten Umfange durch die Weichtheile.

Ich rathe die Wundlappen in gleichmässigen Abständen von 5—6 ctm. in der Mitte zwischen Lappenrand und Basis oder letzterer etwas näher, zu durchlöchern; bei Amputationen des Unterschenkels, des Vorder- und Oberarmes genügen 2 durch die abhängigsten Theile des Hautlappens gelegte Canäle: bei Amputationen des Oberschenkels dagegen sind 4—5 Hautdurchlöcherungen erforderlich. — Da die Fettträubchen des Unterhautzellgewebes grosse Neigung zeigen, aus ihren durch

das Locheisen eröffneten Bindegewebsmaschen hervorzuschlüpfen
und den Canal zu verlegen, ist es nothwendig, dieselben, nachdem der Lappen ectropionirt wurde, ringsum mit einer Cooper-
schen Scheere derart abzutragen, dass aus dem ursprünglich
cylindrisch geformten Canal ein kleiner abgestumpfter Trichter
wird. — Diese Trichterform begünstigt den ungehinderten
Abfluss der Sekrete ausserordentlich.

Eine derart angelegte Ableitung genügt bei richtiger Aus-
wahl der Fälle vollkommen, bedingt keinerlei Nachtheil und
ist in mehrfacher Beziehung der Drainage vorzuziehen. Zunächst ist dies Verfahren ausserordentlich einfach und billig,
es schliesst die unangenehme Nebenwirkung eines in der Wunde
liegenden und dieselbe immerhin etwas reizenden Fremdkörpers
aus und vermeidet die partielle Abhebung der Wundflächen
von einander, welche durch eingeschobene Drains stets herbei-
geführt werden muss. — Neuerdings haben wir in solchen
Fällen, wo der Verschluss der Wunde nur durch starke Anspannung der Hautlappen gelang, wie z. B. nach *Tumorenexstirpationen* mit ausgedehntem Hautverlust, statt der Hautdurchlöcherungen einfache Schnitte von 1—2 ctm. Länge durch die
Lappen parallel dem Lappenrand gemacht und sodann die vor-
springenden Fettträubchen exstirpirt. — Durch Anspannung
der Lappen werden die Ränder der ursprünglichen spaltförmigen
Hautincision auseinander gezogen und nach Vollendung der
Naht entsteht dadurch ein oval geformtes Loch, welches hinreichende Abflussgelegenheit bietet. —

Die Heilung dieser Hautlöcher und Incisionen erfolgt meist
in 10—14 Tagen durch Granulationsbildung und Ueberhäutung. —
Zuweilen wird bei absolut reactionslosem Wundverlauf die Heilung der Hautlöcher etwas verzögert.

Dieses Verfahren ist erst neuerdings und bis jetzt nur
in wenig Fällen geübt worden. Inzwischen hat es sich
ausnahmslos gut bewährt, so dass ich glaube, dasselbe zur
Prüfung empfehlen zu dürfen. — Die Methode eignet sich für
Wunden, welche unter oberflächlich verlaufenden Muskeln
liegen. Gegenüber dem tiefsten Wundabschnitte wird eine Incision durch Haut und darunter befindlichen Muskel gemacht,
alsdann der Hautwundrand jeder Seite in die Muskelwunde eingestülpt und im Grunde derselben durch je eine feinste Catgutnaht
fixirt. Fig. 15 b. Auf diese Weise entsteht ein Canal, welcher

die Wundsekrete sehr gut ableitet. Nach 4—6 Tagen sind die dünnen Catgutfäden resorbirt, die Hautränder retrahiren sich und pflegen am Tage des Verbandwechsels unter geringer Einziehung vollkommen oder bis auf einen kleinen Granulationspfropf verheilt zu sein. --

Resorbirbare Drains.

Bei Wunden, welche voraussichtlich ohne Eiterung heilen werden, deren tiefster Punkt jedoch weit entfernt von der Körperoberfläche liegt, bedienen wir uns nach wie vor der resorbirbaren Drains. — Demnach eignen sich für diese Drainagen grössere tief gehende Verletzungen und Operationswunden, z. B. nach der *Exstirpation tief sitzender Tumoren, Schulter-* und *Hüftgelenksexarticulationen* etc.

Die, an ihrem äusseren Ende, mit einer *Sicherheitsnadel* armirten Drains werden, entweder aus einer Lücke der Nahtlinie oder durch eine ad hoc angelegte Incision, in die Wunde eingeführt. Es ist von grösster Wichtigkeit, dass die Drains die tiefsten Wundbezirke passiren, da sich hier das Sekret vornehmlich ansammelt. Man gebe den Röhrchen die hierzu erforderliche Länge, aber nicht mehr, denn jeder Theil eines über den tiefsten Punkt der Wundhöhle hinausragenden Drains irritirt ohne zu nützen. — Es werden bei uns nicht mehr Drains eingelegt, als nöthig sind, um sämmtliche Abschnitte der Wunde, die voraussichtlich isolirte Sammelorte der Sekrete sein werden, abzuleiten, doch schadet es nicht viel, wenn auch einmal ein überflüssiges Drainrohr eingelegt sein sollte, während ungenügende Drainage oft zu den schwersten Folgen führt. — Daher in zweifelhaften Fällen lieber zu viel, als zu wenig drainiren. —

Wir benutzen 4 verschiedene Sorten resorbirbarer Drains, welche sich sowohl durch die Dicke ihrer Wandungen, als auch durch die Weite ihres Lumens unterscheiden. Die Weite des Lumens beträgt für

No. I 6 *mm.*
  „ *II* 5 „
  „ *III* 4 „
  „ *IV* 3 „

Die Dicke der Wandungen für

$$No. \quad I \text{ u. } II \ 1\tfrac{1}{2} \ mm.$$
$$\text{„ } \quad III \text{ u. } IV \ 1 \qquad \text{„}$$

Die Länge variirt zwischen 10—14 ctm.

Die früher von uns für gewisse Fälle benutzten sehr dünnwandigen Drains sind nach Einführung der Canalisation überflüssig geworden.

Die Röhrchen werden aus der *Corticalis* junger Pferde- und *Rindsknochen* [1]), welche gesunden Thieren entnommen sind, gedrechselt; sodann etwa 12 Stunden in einer 33 % Salzsäurelösung dekalcinirt, 2—3 Tage in mehrfach zu erneuernder 5 % *Carbollösung* ausgewässert und hierauf ebenso wie das *Kocher*'sche *Catgut* (cfr. pag. 26) behandelt. Nach dieser Präparation sind die dekalcinirten Knochen vollkommen aseptisch — jedenfalls haben wir trotz 1000facher Anwendung niemals irgend welche von hier ausgehende Störungen des Wundverlaufs beobachtet. — Die Veränderungen, welche diese dekalcinirten Knochenröhren in Weichtheilswunden erfahren, sind folgende:

Liegt das Rohr längere Zeit im serösen oder eitrigen Wundsekret, so stellt sich zunächst eine gelatinöse Aufquellung, sodann ein unter Ablösung feinster Partikelchen fortschreitender Zerfall ein. — Das Drainrohr erweicht, zerfliesst schliesslich und gelangt in dieser Form entweder zur Resorption oder zum Abfluss nach aussen. — In nicht eiternden frischen Wunden sprossen alsbald aus den die Drains umgebenden Geweben Granulationen hervor, welche allseitig gegen die Wandungen vordringen, dieselben arrodiren, annagen, perforiren und schliesslich vollkommen aufzehren. Dieser Vorgang der Resorption wird lediglich durch die Granulationen bedingt. Je üppiger und kräftiger letztere, um so schneller geht die Resorption von Statten. — · Nicht alle Gewebe sind bezüglich der Fähigkeit, Granulationen zu produciren, gleichwerthig, z. B. erzeugen Cutis- und Muskelgewebe dieselben viel schneller, als etwa die Fascie, das starre Bindegewebe oder die Corticalis der Knochen; es bestehen ferner, je nach Energie des Stoffwechsels individuelle Verschie-

---

[1]) Statt dieser aus gedrechselten Knochen hergestellten Drains haben Trendelenburg (Verhandlg. der deutsch. Gesellsch. f. Chir. 1878) und Mac-Even (British Medical Journ. Febr. 5. 1881) die langen Röhrenknochen grösserer Vögel dekalcinirt und für die Drainage in Anwendung gebracht. —

denheiten hinsichtlich einer raschen oder langsamen Granulationsbildung. Ein gesunder Organismus producirt üppigere Granulationen, als ein kranker. Auch ist bei demselben Individuum die Körpergegend nicht ohne Einfluss, es wird z. B. jedem Beobachter aufgefallen sein, dass resorbirbares Material — Catgut oder Drains — in entlegenen Stromgebieten der Circulation, z. B. an den Zehen, viel langsamer verschwinden, als z. B. im Gesicht. — Aus den erwähnten Gründen ist es erklärlich, dass der Zeitpunkt für die vollendete Resorption der Knochendrains verschieden ist, oft sind sie schon in 5—6 Tagen vollkommen verschwunden, in anderen Fällen erst nach Verlauf mehrerer Wochen. Allein im Allgemeinen kann angenommen werden, dass die Resorption im Hautgewebe nach 10—12, im Muskel nach 12—20 Tagen vollendet ist. Unter gewissen Umständen bleibt die Resorption ganz aus. Dies ist der Fall, wenn das dekalcinirte Knochendrain im Centrum eines sich langsam organisirenden Blutgerinnsels liegt. Alsdann kann es geschehen, dass das äussere Drainende, soweit es im Niveau der Haut liegt, schnell durch Resorption verschwindet, während der tiefere und zufällig rings von einem Blutgerinnsel umgebene Theil nahezu unverändert einheilt. — Wir haben das Einheilen von Drainstücken bis jetzt nur selten beobachtet und gefunden, dass die betreffenden Operirten nicht im Mindesten darunter zu leiden hatten. — Eventuell genügt ein kleiner Schnitt, um solch' ein nicht resorbirtes Drainstückchen zu entfernen. —

Die resorbirbaren Drains bieten für unsere Zwecke den früher gebräuchlichen Gummidrains gegenüber entschiedene Vortheile. — Zunächst reizen sie als homogene Substanz die Gewebe weniger als die Kautschuckröhren und veranlassen somit eine geringere Wundsekretion, sodann ist ihnen für die principielle Durchführung der Dauerverbände eine besondere Bedeutung beizulegen, weil man sich in der weitaus grössten Zahl der Fälle nicht weiter um sie zu kümmern braucht; denn, nachdem sie während der ersten Tage des Wundverlaufs bezüglich der Sekretableitung vollkommen ihren Zweck erfüllten, verschwinden sie zur Zeit, wo sie überflüssig geworden sind von selbst, während die Gummidrains behufs ihrer Kürzung resp. Entfernung einen oder mehrere Verbandwechsel nothwendig machen.

Gleichzeitige Anwendung der Drainage und Canalisation.

Für manche Fälle ist eine Combination der Drainage und Canalisation sehr zweckmässig. — So legen wir z. B. nach Exstirpatio mammae mit Ausräumung der Achselhöhle ein oder zwei Drains No. I. in die Achselhöhle, aus welcher sie durch eigene Incisionen abgeleitet werden. Die Drainröhren müssen oft zwei bis drei fingerdicke Weichtheile passiren, bevor sie vom tiefsten Punkt der Wunde bis an die Körperoberfläche gelangen, daher eignet sich an dieser Stelle die Hautcanalisation nicht, dagegen werden oberer und unterer Mammalappen je an 3—4 Stellen in gleichen Abständen durchlöchert. — Nach *Resectio genu* schlagen wir 2—3 Hautlöcher durch den *grossen Dorsallappen*, um das sich in der oberen Kniegelenksausbuchtung ansammelnde Sekret abzuleiten, während in die abhängigsten Theile der Wunde durch eigens angelegte Schnitte je ein resorbirbares Drain eingeschoben wird. In ähnlicher Weise ist auch bei manchen anderen Wunden die gleichzeitige Anwendung beider Verfahren angezeigt: Soweit ein grösserer Wundabschnitt der Körperoberfläche nahe liegt, wird er durchlöchert, dagegen finden die resorbirbaren Drains überall Verwendung, wo die Wunden tiefer in die Körpergewebe eindringen. (Voraussichtlich wird das Gebiet der resorbirbaren Drainage durch die neuerdings versuchte Muskelcanalisation noch mehr eingeengt werden.)

Gummidrains.

Die Benutzung der Gummidrains ist bei allen lang liegenden Verbänden möglichst zu vermeiden und doch sind dieselben nicht ganz zu entbehren. — So wird z. B. nach der Eröffnung und Entleerung eines grossen Senkungsabscesses, selbst nach Ausschabung der Abscessmembran, die Heilung wohl niemals prima intentione, sondern stets unter mässiger Eiterung erfolgen. Dabei pflegt der Wundverlauf jedoch durchaus reactionslos zu sein und es können sehr wohl lang liegende Verbände in Anwendung kommen. — Allein es wäre falsch, hier ein resorbirbares Drain einzulegen, denn dieses würde alsbald erweichen und lange vor dem Aufhören der eitrigen Sekretion verschwunden sein, somit seinen Zweck nicht erfüllen. Daher benutzen wir in solchen und ähnlichen, für die Occlusivbehandlung geeigneten Fällen — wo also voraussichtlich eine längere Eiterung eintreten wird — Gummidrains.

Viele Aerzte benutzen zur Zeit Dauerverbände, bei denen die Gummidrains allgemeine Verwendung finden. — Die Wunden werden mit dicken antiseptischen Verbänden umhüllt, welche event. wochenlang liegen. — Im günstigsten Falle ist alsdann beim ersten Verbandwechsel die Wunde bis auf die Draincanäle geschlossen, welche nach Entfernung der Drains unter dem zweiten Verbande heilen. Dieses Verfahren entspricht genau der Methode, welche wir in der Uebergangsperiode von dem alten Lister'schen Verfahren zu dem jetzigen Dauerverband angewandt haben [1]), die aber doch gewiss dem letzteren nicht gleichwerthig ist, weil dieser im günstigsten Fall nur einen, jene aber zwei Verbände erfordert. — Im Uebrigen ist auch dieser Dauerverband mit Gummidrainage den früher gebräuchlichen Wechselverbänden bei Weitem vorzuziehen.

Der Uebersicht halber lasse ich ein

Schema für die verschiedenen Arten der Sekretableitung folgen. —

1) *Offenbleiben der Wunde ohne Drainage* bei schmalen aber tief eindringenden Schnitt-, Stich- und Canalwunden, z. B. nach der Osteotomie, nach Verletzungen durch Messer- oder Bajonetstiche, Wunden durch Kleingewehrprojectile etc. —
2) *Lockere Naht* bei kleinen oberflächlichen und glatten Wunden.
   „   „ *mit Offenbleiben eines oder beider Wundwinkel* bei grösseren oberflächlichen und glatten Wunden, z. B. nach Gefässligaturen, einfachen Herniotomieen, Fingeramputationen, Resectionen von Interphalangealgelenken und ähnlichen Fällen. —

---

[1]) Cfr.: Ein antiseptischer Dauerverband nach gründlicher Blutstillung. — Dr. G. Neuber. v. Langenbeck's Archiv Bd. 24, Heft 2, pag. 316. „Ich legte somit immer mehr Gewicht auf die Technik des ersten Verbandes und zwar mit zunehmenden Erfolgen, so dass ich bereits im Januar 1879 bei einer hohen Oberschenkelamputation den ersten Verband 17 Tage, bei Amputatio cruris durchschnittlich 12, antibrachii 12 Tage liegen lassen konnte. Dann waren die Wunden geheilt bis auf die Drainlage und die Stichcanäle der entfernten Seidennähte. — Es fehlte nur die Verwendung eines resorbirbaren Näh- und Drainmaterials, um eine absolute oder doch annähernd vollkommene Heilung unter einem Verbande zur Regel zu erheben".

Lockere Naht mit Einlegen eines Catgutfadens. Bei kleinen von Haut bedeckten Flächenwunden, z. B. nach der Exstirpation von Atheromen.

3) *Canalisation.*

  a. *Hautcanalisation* (Fig. 15 a.) entweder durch Hautlöcher (bei schlaffen Hautlappen) oder durch Hautincisionen (bei gespannten Lappen) für grössere subcutane Flächenwunden, z. B. nach der Exstirpatio mammae und anderer Tumoren, Amputationen am Vorder- und Oberarm, Amputationen am Vorderfuss etc. —

  b. *Muskelcanalisation* (Fig. 15 b.) bei grösseren sub- oder intramuskulären Flächenwunden, wo die zwischen Wundhöhle und äusserer Haut liegenden Weichtheile höchstens 2 Finger breit stark sind, z. B. nach Exstirpationen intramuskulär liegender Tumoren; Wunden unter oberflächlich liegenden Muskeln etc. —

Fig. 15.

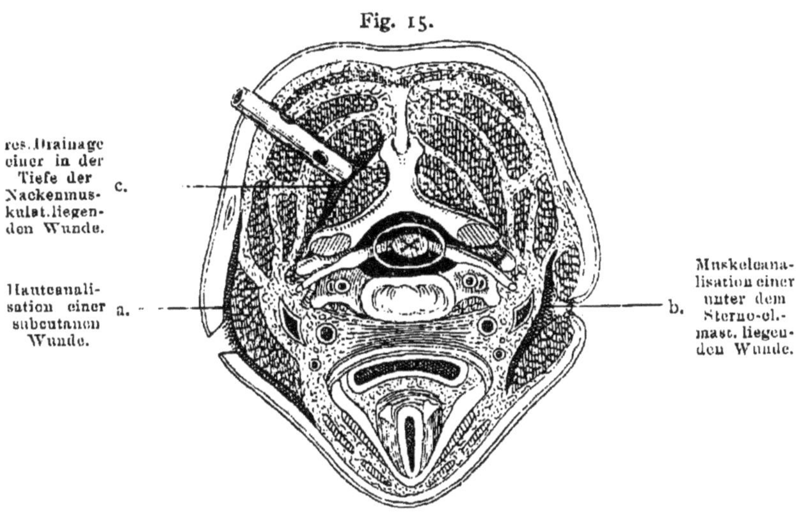

Schematische Darstellung der Hautcanalisation, Muskelcanalisation und resorbirbaren Drainage an einem Halsquerschnitt. —

4) *Resorbirbare Drainage* — eventuell mit gleichzeitiger Canalisation solcher Wundabschnitte, welche für letztere geeignet sind — bei entfernt von der Körperoberfläche (Fig. 15 c.) liegenden Flächenwunden und unregelmässigen, buchtigen

Wunden, z. B. Unterschenkel- und Oberschenkelamputationen, Schulter- und Hüftgelenksexarticulationen etc. —

5) *Gummidrainage* bei tiefliegenden Wunden, welche voraussichtlich unter Eiterung heilen werden, z. B. Ausschabung von Senkungsabscessen und ähnliche Fälle. —

6) *Offenbleiben der Wunde und Anfüllung mit schwarzem Torf* bei allen von Haut nicht vollkommen bedeckten Flächen- oder Höhlenwunden. Vergl. darüber pag. 45. —

Alle oben erwähnten Wunden eignen sich für die Behandlung mit lang liegenden Verbänden. — Die Grenzen für die Anwendbarkeit der eigentlichen Dauerverbände, welche bis zum voraussichtlichen Tage der vollkommenen Heilung liegen sollen, sind in den sub 1—4 genannten Fällen gegeben. —

Vermeidung von Höhlenbildung in der Wunde.

Die üble Bedeutung, welche den todten Räumen beigelegt werden muss, ist pag. 28 hervorgehoben worden. Etwa vorhandene Wundnischen oder Höhlen füllen sich trotz eingelegter Drains zuweilen mit blutig-serösem Sekret, bieten somit Gelegenheit zur Bildung todter Räume, müssen daher unbedingt vermieden werden.

Dies lässt sich nach Art und Ausdehnung der Wundhöhle entweder durch einen *stark comprimirenden Verband* oder durch die *Einstülpungsnaht* resp. *Hautlappenimplantation* erreichen.

Der comprimirende Verband leistet bei flachen und oberflächlichen Wundhöhlen genug, dagegen ist seine Wirkung bei tiefen Höhlen unsicher und nicht ausreichend.

Technik und Bedeutung der neuerdings viel von uns angewandten *Einstülpungsnaht* und *Hautimplantation* gehen aus der Beschreibung folgender Fälle hervor.

1. Knabe Eberhard, 14 Jahre alt.

Krankheit: Nekrosis humeri.

Operation: Nekrotomie am 18. 1. 83.

Länge des Hautschnittes 13 Ctm., Ausdehnung der Knochenwunde: *Länge 12 Ctm., grösste Breite 4 Ctm., grösste Tiefe 3½ Ctm.*

Um eine Höhlenbildung zu vermeiden, wird die Haut zu Einstülpungs-
naht. beiden Seiten der Wunde ca. 2 Ctm. weit von der Fascie abgelöst, gegen die Mitte der Knochenmulde angezogen, von beiden Seiten her in dieselbe eingestülpt und durch mehrere *Einstülpungsnähte* in dieser Lage fixirt.

Die *Einstülpungsnähte* werden durch die *Umschlagsstelle* der einander gegenüber liegenden *Hautlappen* geführt, sie verhindern ein *Zurückweichen* der *Lappen* aus der *Wundhöhle*, in welcher sie der *Knochenwundfläche* dicht anliegen (Fig. 16a. und 16b.) Der Spalt zwischen den eingestülpten Lappen wird mit schwarzem Torfmull gefüllt, sodann über das Ganze ein Dauerverband gelegt.

Reactionsloser Wundverlauf, erster Verband nach 14 Tagen entfernt, Heilung bis auf mehrere den Nahtcanälen entsprechende Hautgeschwürchen. Vollkommen geheilt den 1. 3. 83. *Gesammtbehandlungsdauer 42 Tage.*

Fig. 16a.

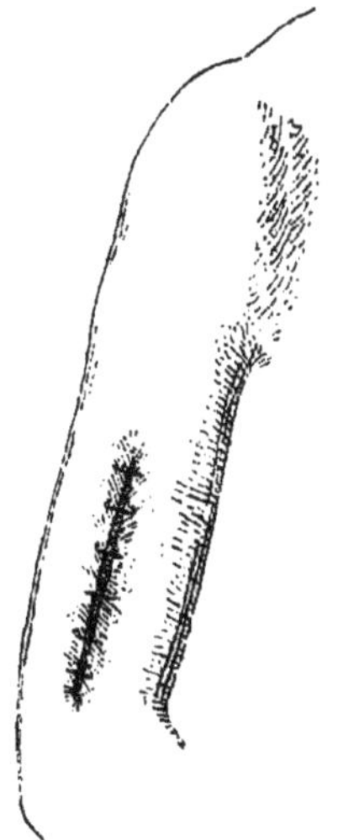

Unmittelbar nach der Operation.

Fig. 16b.

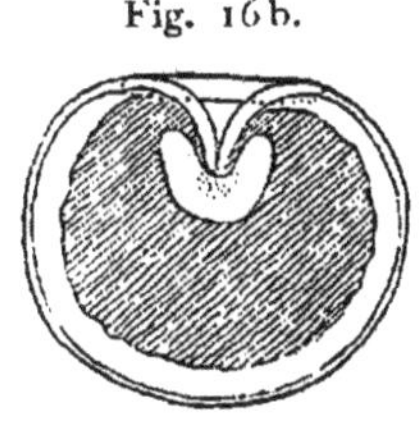

Schematisch. Durchschnitt unmittelbar nach der Operation.

Fig. 16c.

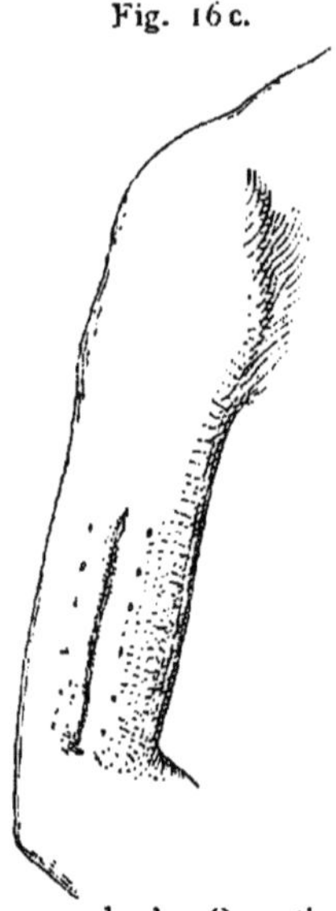

42 Tage nach der Operation vollkommene Heilung, zwischen beiden
seitlichen Lappen war noch eine
flache Einsenkung. Die Lappen sind
somit durch Gewebswucherung und
Knochenneubildung in der Knochenhöhle nachträglich wieder empor-
gehoben und nahezu in ihr früheres
Verhältniss zurückgeführt. —

Fig. 16d.

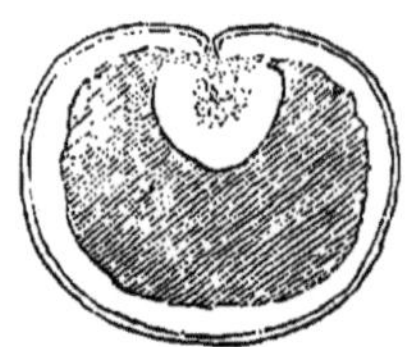

Schematischer Durchschnitt
42 Tage nach der Operation.

Fig. 16c. und 16d. geben die Verhältnisse 42 Tage nach
der Operation wieder; durch eingesenkte Nadeln wurde constatirt, dass die frühere Knochenhöhle zu dieser Zeit nahezu
vollkommen durch neue Knochensubstanz ausgefüllt war. —

2. *H. M., 16 Jahre alt.*

Krankheit: Pleuritis purulenta. — October 1880 *Pleuritis
dextra.* — Februar 1881 spontane *Perforation* des *Empyems,*
Entleerung von ca. 1 Liter Eiter. Von Juli 1881 bis März
1882 in der hiesigen med. Klinik behandelt; 18. 7. 81 Erweiterung der Fistel und Ausspülung der *Pleurahöhle* —
14. 10. 81 *partielle Resection* der *8. Rippe* — 9. 11. 81 hintere
Gegenöffnung im *9. Intercostalraum* — Allgemeinbefinden
etwas gebessert, Eiterverlust geringer aber immer noch be-
deutend. — Von März 1882 bis März 1883 in der chir. Klinik
behandelt. 20. 3. 82 *partielle Resection der 3. und 9. Rippe*

in je *2—5 Ctm.* Ausdehnung, *Ausschabung* der *Pleurahöhle*, *Tamponade;* am 25. 4. 82 mit eiternden Fisteln entlassen. — Im Laufe des Sommers 82 zunehmende Eiterung, Abnahme des Körpergewichtes. 8. 9. 82 *Exstirpation der vorderen unteren Thoraxwand* in folgender Weise:

1) *Ablösung* eines gut handtellergrossen Hautlappens mit oberer Basis; *Exstirpation der vorderen Thoraxwand* von der *3.* bis *7.* Rippe — die *Intercostalgewebe*, sowie die innen *finger-dick aufliegenden Schwarten* werden in gleicher Ausdehnung mit entfernt; Ausschabung der die Pleurahöhle auskleidenden Granulationen; Ablösung der dem unteren und medianen Schnittrand anliegenden Haut 2—5 ctm. weit. Fig. 17a. —

2) *Einstülpung* des oberen, unteren und medianen Hautlappens, dieselben werden durch entsprechende Nähte an die *pleura pulmonalis, mediastinalis* und das *Zwerchfell* geheftet. Fig. 17b.

3) Einlegung eines *Sublimatgaze-Tampons* in den von Haut *unbedeckt* gebliebenen Rest der *Wundhöhle;* stark compri-mirender Torfverband. — *Reactionsloser* Verlauf, 16. 9. *ausser Bett,* 17. 9. *im Freien,* 20. 9. *erster Verbandwechsel; Hautlappen* mit ihrer *Unterlage* verklebt, *freie Wundfläche gut granulirend.* — Fernerhin langsame Heilung bei ab-nehmender Eiterung, zunehmendem Körpergewicht und Besserung des Allgemeinbefindens. — Zur Zeit (April 83) Alles geheilt. —

Haut-implantation.

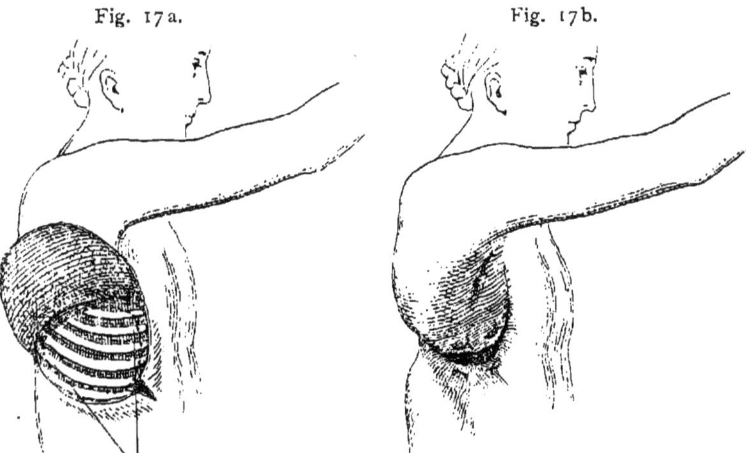

<table>
<tr><td>Fig. 17a.</td><td>Fig. 17b.</td></tr>
<tr><td>Breite des exstirpirten Stückes der
Thoraxwand 12 ctm.</td><td>Unmittelbar nach der Operation.</td></tr>
</table>

Fig. 17 c.

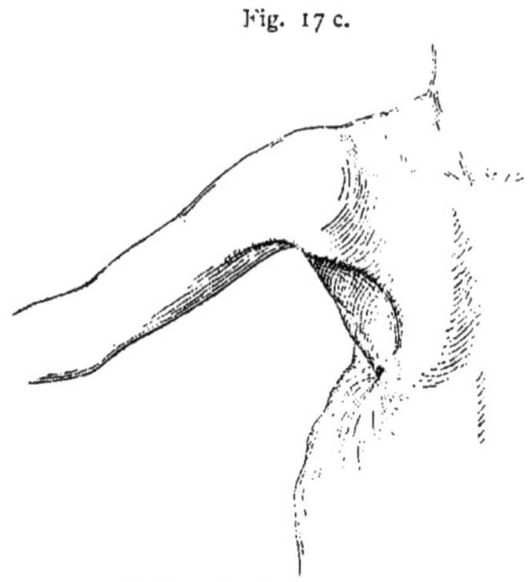

Nach vollendeter Heilung.

3. Frau Claussen, 60 Jahre alt, sehr magere Patientin.
Krankheit: Carcinoma mammae et glandul. axill.
Operation: den 15. 2. 83. *Exstirpation der Mamma, Aus-*
räumung der Achselhöhle. — Die *Haut* über der *Mamma* muss
in so *grosser Ausdehnung* entfernt werden, dass entsprechend
dieser Stelle ein *handtellergrosser Defect* bleibt. — Nach Ausräumung der Achselhöhle werden daselbst *oberer* und *unterer*
Hautrand etwas abgelöst, stark angezogen, in die Achselhöhle *eingestülpt* und sodann ihre *freien Ränder* durch je 2
Nähte mit der inneren Fläche des *Muskul. pectoralis minor*
resp. *subcapularis* vereinigt. — Ausfüllung der freien Brustwunde
sowie des Spaltes zwischen den eingestülpten Achsellappen mit
schwarzem Torf, darüber Dauerverband. — Erster Verbandwechsel 12 Tage nach der Operation, alles geheilt bis auf die
granulirende Brustwunde. — Später Haut - Transplantation
auf die granulirende Brustwunde.

4. X., 30 Jahre alt.
Krankheit: Bubones inguinal.
Operation: Exstirpation der vereiterten *Lymphdrüsen*, Abtragung
aller verdünnten und unterminirten Hautabschnitte.

Ausdehnung der Wundhöhle: *Länge 8 Ctm., grösste*
Breite 6 Ctm., grösste Tiefe 5 Ctm.

Die Haut wird in ganzer Umgebung ca. 2 Ctm. weit abgelöst, in die Wundhöhle gestülpt und am Grund derselben durch mehrere Nähte befestigt. Fig. 18.

Fig. 18.

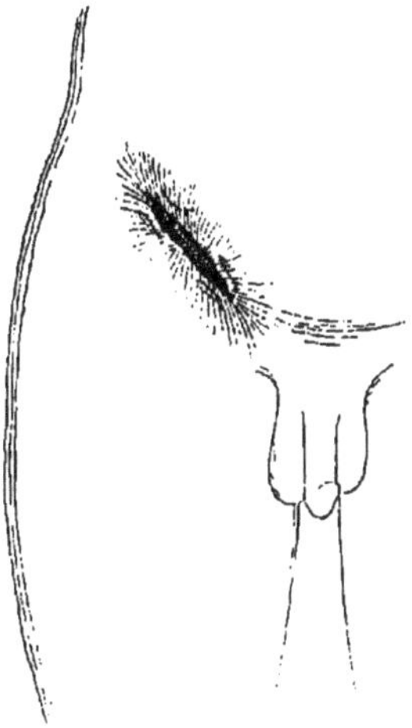

Oberer und unterer Hautlappen sind eingestülpt und durch mehrere Nähte mit d. darunter liegend. Weichtheil. in genauen Contact gebracht. —

Zwischen beiden Wundrändern bleibst ein *freier Spalt*, welcher mit *schwarzem Torf* angefüllt wird, darüber Dauerverband.

Reactionsloser Wundverlauf, *erster Verbandwechsel 12 Tage nach der Operation*, alles geheilt bis auf einen *6 Ctm.* langen, bis *3 Ctm.* breiten granulirenden Streifen. Vollkommene Heilung in 28 Tagen.

5. Peter Schlüter, 37 Jahre alt.

Krankheit: Caries an der Innenseite des oberen Endes der Tibia.
Operation: den 29. 3. 83 (cfr. Fig. 19a. und 19b.)

  a) Bildung eines grossen dreieckigen Haut-Periostlappens; Ablösung der seitlichen Hauträder 2—3 Ctm. weit; Entfernung der kranken Knochentheile mit Löffel und Meissel. — Ausdehnung der Knochenhöhle; *Länge: 7 Ctm., grösste Breite: 5 Ctm., grösste Tiefe: 4½ Ctm.* —

  b) Sämmtliche Lappen werden herangezogen, eingestülpt, mit einander durch Einstülpungsnähte verbunden und

oberer sowie rechter Seitenlappen je mit einem eisernen
Stift im Grunde der Knochenwunde angenagelt.

c) Anfüllung des Wundspaltes mit schwarzem Torf, darüber
Dauerverband.

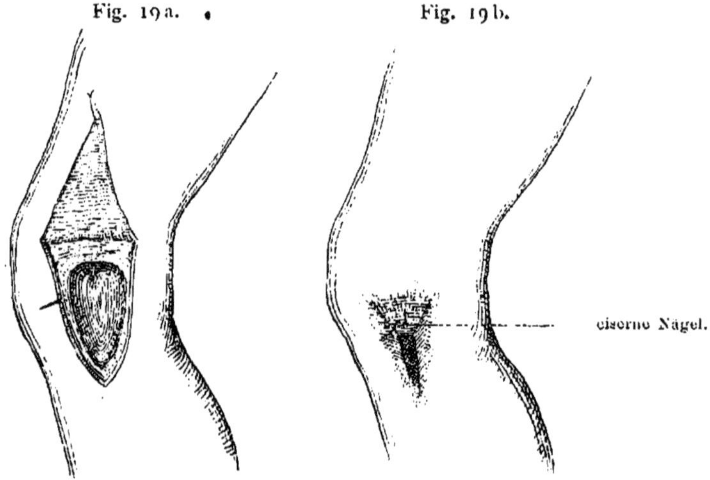

Wundverlauf normal, erster Verbandwechsel 12 Tage
nach der Operation, die Spitze des oberen Hautlappens gangränös, im Uebrigen haben sich die Lappen sehr gut angelegt, freier Wundspalt durch gute Granulationen erfüllt. —
Patient noch in Behandlung, Wundverhältnisse sehr gut, bestimmte Aussicht auf vollkommene Heilung. —

Sämmtliche soeben erwähnten Fälle, welche ich als typisch
für die verschiedenen Formen der *Hauteinstülpung* und *Implan-
tation* aufstellen möchte, haben folgendes gemeinsam:

1) Der *freie Raum zwischen* den *Höhlenwandungen* wird aus
   der Wunde heraus in den Bereich des antiseptischen Verbandes verlegt und dadurch *jede Höhlenbildung innerhalb
   der Wunde vermieden.*

2) Die *Hautlappen* und *Ränder* gelangen durch die Operation
   schon an denjenigen Platz, an welchen sie früher oder
   später durch *Narbenzug* meistens doch kommen müssen.

3) Die *primäre* Verklebung der an einander gelegten Wundflächen ist ausserordentlich erleichtert und *Fistelbildung*,
   sowie *lang dauernde Eiterung* sehr erschwert. —

Der schwarze Torf (cfr. pag. 19) wurde direct auf die Wundflächen und in die Wundspalten gestreut; zuweilen vermischt er sich mit dem Blut und bildet einen festen Schorf, unter dem vollkommene Uebernarbung eintritt. — Wir benutzen diesen schwarzen Torf jetzt fast überall statt der früher gebräuchlichen Watte- oder Gazetampons; die Wunden befinden sich darunter ebenso schön, wie unter Jodoform, die Sekretion ist sehr gering, die Granulationsbildung üppig und frisch, etwa vorhandener Geruch verschwindet meist bald. — Falls keine Verschorfung, sondern Eiterung eintritt, wird der eingestreute Torf vom Sekret durchtränkt und schliesslich abgeschwemmt, trotzdem können derartige Verbände 10—20 Tage, je nach Art und Ausdehnung der Wunde, liegen. Noch nie sahen wir bei dieser Verwendung des schwarzen Torfes Retentionen, das Sekret durchdringt vielmehr den Torf und wird von den darüber liegenden Verbandschichten aufgenommen. — Ich empfehle daher den schwarzen Torf als direct mit der Wunde in Berührung zu bringendes Verbandmaterial für ähnliche Fälle, wie die oben erwähnten, ferner für alle belegten, übelriechenden und schlaffen Geschwüre und schliesslich zur Bedeckung freier Wundflächen an Stelle des früher gebräuchlichen Protectiv-Silk, welches wir neuerdings nur noch selten zur Bedeckung allzu üppig granulirender Flächen benutzen. —

Vermeidung von Gewebsnekrosen.

Noch gefährlicher als die *Höhlen* innerhalb der Wunden sind für den ferneren Verlauf *absterbende Gewebe*. — Die Trennung zwischen *todten* und *lebenden Geweben* erfolgt fast immer unter Eiterung an den *Demarkationsstellen*. In den abgestorbenen und ausser Bereich der *circulirenden Säfte* stehenden Theilen, sowie in ihrer Umgebung finden Spontan- oder Contactinfection die günstigsten Angriffspunkte und hier entwickeln sich Fäulnissvorgänge, welche den Gesammtzustand der Wunde gefährden. — Auch für diese Art der Infection ist der Operateur in manchen Fällen verantwortlich — er soll in jedem einzelnen Fall unter Berücksichtigung der lokalen Wundverhältnisse, sowie des allgemeinen Ernährungszustandes seines Patienten berechnen, wie es mit den Ernährungschancen steht und durch radikale primäre Entfernung aller gefährdeten Gewebe dem langsamen Absterben desselben vorbeugen. — Stark gequetschte Gewebe, die Spitzen langer Hautlappen, (cfr. Fig. 19a., die Spitze des Lappens wurde gangränös, es wäre richtiger gewesen, den Lappen vorn abzurunden), unterminirte und verdünnte Hautränder, lang gestielte oder nahezu abgerissene Zipfel sind in dieser Hinsicht besonders zu beachten, doch lassen sich allgemeine Regeln nicht aufstellen, vielmehr bleibt in jedem einzelnen Fall die Entscheidung der Erfahrung und Combination des Operateurs überlassen.

Naht.

Vor dem durch Vereinigung der Hautränder erreichten Abschluss der Wunde wird letztere mit Bor-Salicyllösung (1 Salicylsäure, 6 Borsäure, 500 Wasser) abgespült und sodann mit Sublimatlösung (1 : 1000) desinficirt. — Die gewöhnliche Wundnaht soll auf möglichst einfache Weise und ohne übermässige Spannung die Wundränder resp. Flächen sehr genau und doch locker aneinander legen. — Im Allgemeinen eignet sich für diesen Zweck am besten die fortlaufende oder Kürschnernaht — neuerdings auch von Tillmanns [1]) und Anderen [2]) empfohlen, in Kiel seit fast 3 Jahren ausschliesslich im Gebrauch. — Als Nähmaterial wird Kocher'sches Catgut benutzt, welches zur Zeit des ersten Verbandwechsels bis auf die ausserhalb der Wunde liegenden Theile durch Resorption verschwunden ist. — Gewöhnlich nähen wir aus freier Hand mit geraden oder gekrümmten Nadeln, also ohne Benutzung complicirter Nadeln und Nadelhalter (cfr. pag. 7).

Eine absteigend tief greifende und aufsteigend oberflächliche Kürschnernaht (Fig. 20a.) ist empfehlenswerth, wenn die Aneinanderlagerung der Wundränder nur unter Spannung gelingt, oder wenn man beabsichtigt, nicht allein die Haut, sondern auch die tiefer gelegenen Weichtheile in möglichst genauen Contact zu bringen.

Fig. 20 a.

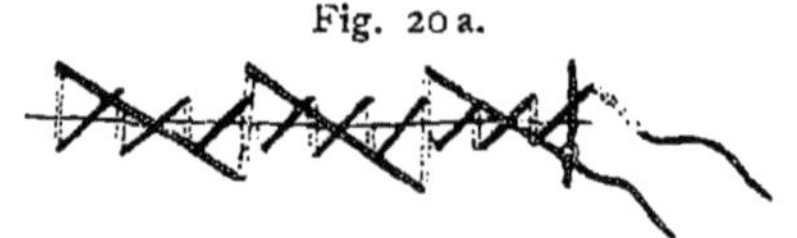

Absteigend tief und aufsteigend oberflächlich
angelegte Kürschnernaht.

----

[1]) Die fortlaufende Naht als Wundnaht von H. Tillmanns. Centralbl. f. Chir. No. 37. 1882.

[2]) Bakó, Hagedorn cfr. Centralbl. f. Chir. No. 44. 1882.

Fig. 20 b.

Tiefe Matrazen und oberflächliche Kürschnernaht.

Die tiefe Naht kann auch nach Art einer fortlaufenden Matrazennaht angelegt werden (Fig. 20 b.) — Die fortlaufende Wundnaht ist bei einiger Geschicklichkeit des Operateurs sehr schnell vollendet, beansprucht jedenfalls nicht annähernd so viel Zeit, wie die Knopfnaht, erfüllt dabei ihren Zweck aber sehr gut. —

Revision und provisorische Compression der genähten Wunde.

Nach Anlegung der Naht wird die Wunde nochmals mit Sublimatlösung (1 : 1000) abgespült. Zuweilen sind die Drainausgänge schon jetzt durch Gerinnsel verlegt, welche entfernt werden müssen. Nun folgt die provisorische Compression der Wunde mit grossen Schwämmen. — Durch energischen, allseitig von den entlegensten Wundbezirken zu den Abflussöffnungen fortwirkenden Druck wird Alles, was nicht in die Wunde hineingehört — nachgesickertes Blut, nicht wieder abgeflossenes Sublimatwasser, vor allen Dingen die in den verschiedenen Wundabschnitten fast stets vorhandene Luft — durch die Abflussöffnungen nach aussen gepresst. Eine abermalige Ansammlung kann bei der von jetzt bis zur Anlegung des Verbandes ununterbrochen wirkenden Compression nicht wieder eintreten.

Damit ist die Operation vollendet und nach Entfernung der Schutzdecken lassen wir den Kranken unter steter Compression der mit Schwämmen bedeckten Wunde in eine für die Anlegung des Verbandes passende Position bringen. —

III. Der Verband.

Die richtige Anlegung des ersten Verbandes ist unter allen Umständen für den Erfolg der antiseptischen Wundbehandlung von grösster Bedeutung, für die Dauerverbände aber, welche event. wochenlang liegen sollen, hängt von der Technik dieses Verbandes — natürlich unter der Voraussetzung einer tadellos ausgeführten antiseptischen Operation — in erster Linie das Gelingen ab. — Diese Technik ist einfach und unter Beachtung der folgenden Vorschriften wird es Jedem gelingen, gute Dauerverbände anzulegen.

Lagerung des Patienten für den Verband.

Unmittelbar nach beendigter Operation und vor Anlegung des Verbandes muss der Kranke so gelagert werden, dass der zu verbindende Theil allseitig frei liegt und der Körper des Patienten in der gegebenen Position hinreichende Unterstützung findet, um während des Verbindens nicht abgleiten zu können.

Die verschiedenen für diesen Zweck in unserer Klinik gebräuchlichen Positionen gehen ohne Weiteres aus folgenden Abbildungen hervor.

Fig. 21. Position für Brust-, Oberarm-, Achselhöhlen-, Hals- und Nackenverbände.

Fig. 21.

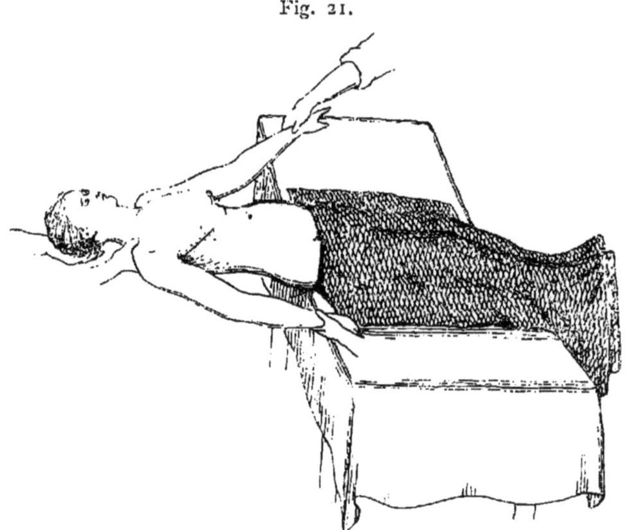

Fig. 22. Position für Verbände der Leisten- und Scrotalgegend.

Fig. 22.

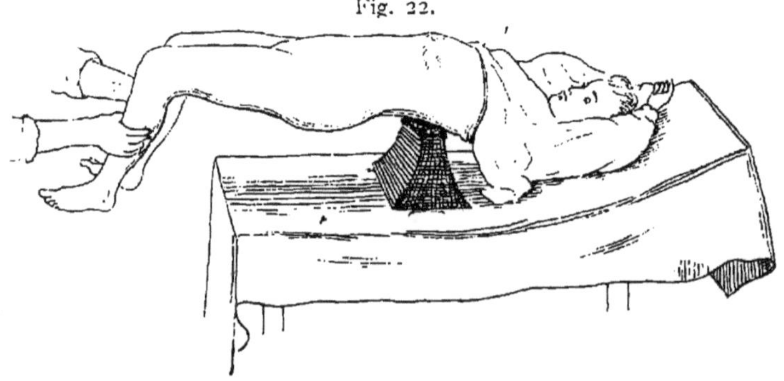

Fig. 23. Position für Verbände der Glutäalgegend, Dammgegend, Resectio coxae. — Das keilförmige Kopfstück des
Operationstisches muss zurückgeschoben oder entfernt werden.

Fig. 23.

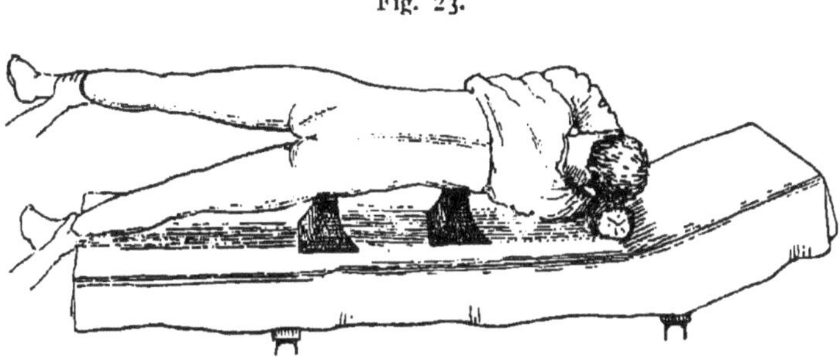

Fig. 24. Position für Verbände am Unterleib.

Fig. 24.

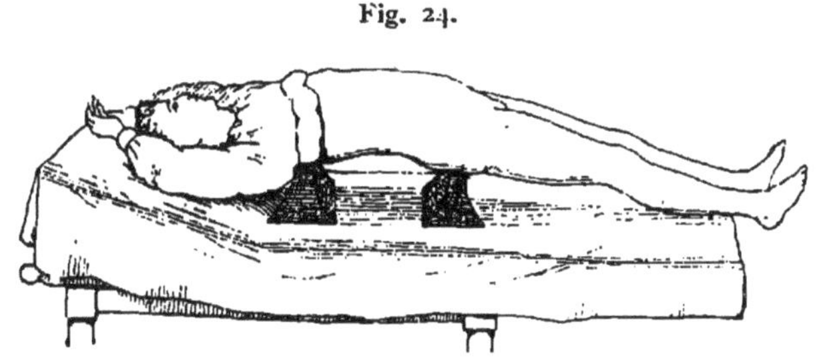

Fig. 25. Position für Kniegelenksverbände.

Fig. 25.

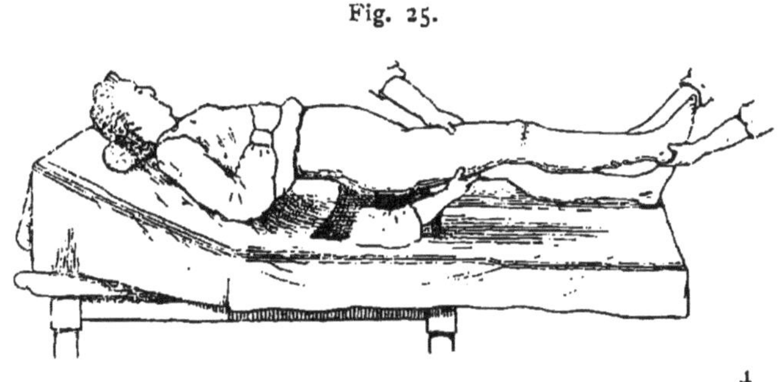

Fig. 26. Position für Verbände am Oberschenkel-Amputationsstumpf. —

Fig. 26.

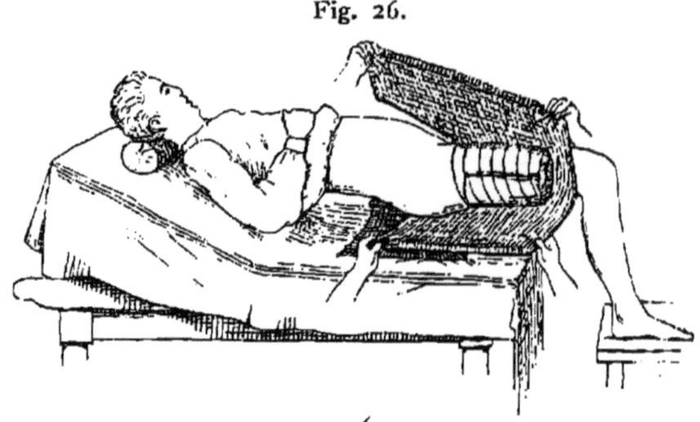

Die Höhe der, auf den verschiedenen Figuren abgebildeten Volkmann'schen Beckenstützen, beträgt für Kinder und kleine Leute 12, für grosse erwachsene und schwere Patienten 22 Ctm.

Nach vollendeter Lagerung wird der freigelegte Körpertheil mit warmer 1 %/0 Carbollösung gereinigt und der inzwischen herbeigeschaffte Verband auf einen zur Seite des operirten Körpertheils befindlichen Glastisch neben den verbindenden Arzt gestellt. — Diesem gegenüber steht eine Schwester, welche bei der Anlegung des Verbandes Hülfe leistet.

Anlegung des Verbandes.

Die Technik des Verbandes ist sehr einfach. — Wir legen direkt auf die Wunde das kleine Polster und befestigen dasselbe mit einer nicht appretirten, in Sublimatlösung (1 : 1000) angefeuchteten Gaze- oder Cambricbinde. — Das ist für alle kleineren Wunden der ganze Verband, nur nach grösseren Operationen und Verletzungen wird darüber noch ein grosses, die Wunde allseitig weit überragendes Polster gelegt. — Dieses wird, unter ziemlich starkem Druck mittelst mehrfach sich deckender Gaze- oder Cambricbinden angewickelt, nachdem zuvor obere und untere Verbandgrenze, zur Vermeidung eines von den etwa überragenden Bindentouren ausgehenden Druckes, mit gewöhnlicher Watte bedeckt waren. — Wenn Cambricbinden benutzt werden, ist die Watteunterfütterung der oberen und unteren Verbandgrenze unnöthig, weil dieselben sich der Haut sehr eng anschmiegen, ohne dieselbe zu irritiren. —

Die auf solche Weise angelegten Torfpolster üben einen festen und dabei doch elastischen Druck aus. Wir verwenden daher die, früher von uns zur Erreichung einer genügenden Compression benutzten, dünnen Gummibinden nur noch selten, nämlich 1) nach allen blutlosen Operationen an den Extremitäten — hier lassen wir die fest über den Verband gelegte Gummibinde $\frac{1}{2}$ bis 1 Stunde liegen, um der parenchymatösen Nachblutung möglichst entgegen zu wirken und 2) bei Verbänden in der Nähe des Afters, der Vagina, der Nase und des Mundes, also in Gegenden, wo die Gefahr einer äusseren Beschmutzung des Verbandes nahe liegt und daher ein genauer Abschluss besonders wünschenswerth erscheint.

Folgende Beispiele können zur Illustration unserer Verbandtechnik dienen:

1) Anlegung des Dauerverbandes am Kopf.

Christian Eggers, 50 Jahre alt.

Krankheit: Fractura complic. ossis frontis.

Operation: den 4. 1. 83. Erweiterung der Hautwunde, Abtragung der gequetschten Hautränder; mit Hammer und Meissel wird eine etwa Markstück grosse, mehrfach zersplitterte, eingedrückte Knochenplatte entfernt. Dura mater tief eingedrückt, aber scheinbar nicht wesentlich verletzt, zwischen dura mater und Knochenfragmenten liegen eingetriebene Haare, Holzsplitter und Lederstücke von der Mütze. — Ein Hautloch, ein Drain, lockere Naht. Fig. 27 a.

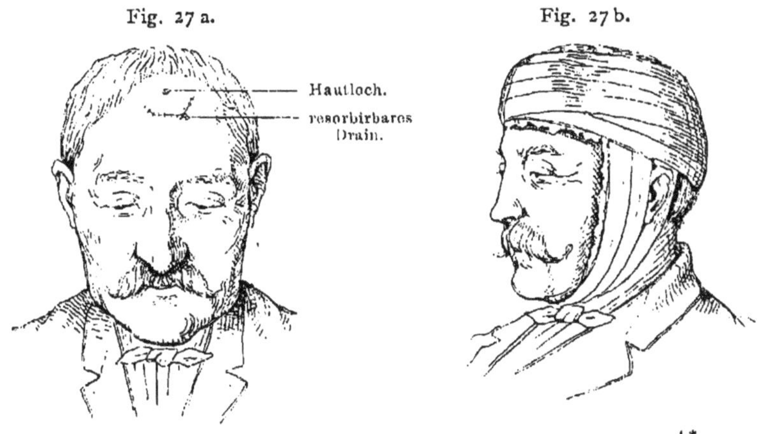

Verband. Fig. 27 b. 1 Kopfpolster, darüber gewöhnliche Watte, Gazebinden.

Erster Verbandwechsel den 4. 2. 83, somit lag der 1. Verband 30 Tage.

Vollkommen primäre Heilung. —

Behandlungsdauer: 31 Tage.

2) Anlegung des Dauerverbandes am Hals.

Anna Gliesmann, Arbeitersfrau, 38 Jahre alt.

Krankheit: Lymphomata colli. Fig. 28 a.

Operation: den 1. 3. 83. Je ein vom processus mastoideus bis zur clavicula reichender Schnitt am vorderen und hinteren Rande des Musc. sterno-cleido-mastoid. — Exstirpation sämmtlicher Geschwülste unter Freilegung der Art. carotis, Vena jugularis und subclavia, des Kehlkopfes, der Trachea und der Pleura. Zwei resorbirbare Drains, lockere Naht. Fig. 28 b.

Verband. Fig. 28 c. 2 kleine, 1 grosses Halspolster, Watteunterfütterung, Gazebinden. —

Fig. 28 a.   Fig. 28 b.

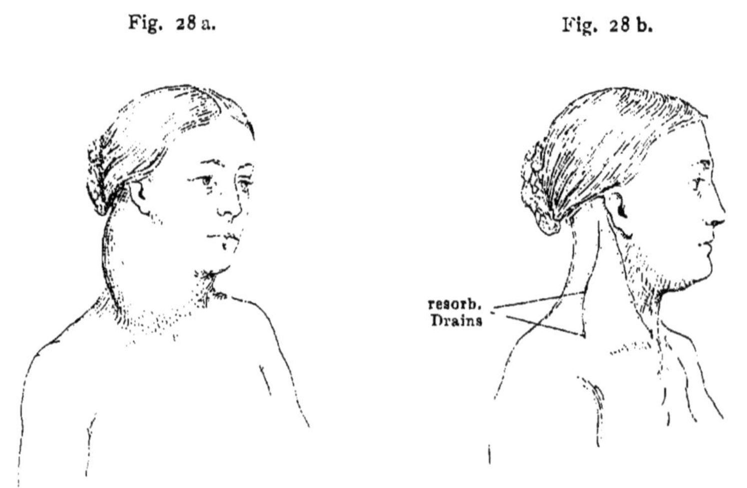

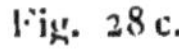

Nach kleinen Operationen am Halse ist, bei der voraussichtlich geringen Sekretion, das für den Patienten recht unbequeme grosse Polster zu entbehren und die Anlegung des kleinen Polsters hinreichend. Cfr. pag. 50.

Wundverlauf: Normal, geringes Resorptionsfieber der ersten Tage. —

Zustand der Wunde beim ersten Verbandwechsel am 10. 3. 83: Primäre Heilung in ganzer Ausdehnung bis auf zwei granulirende Drainausgänge und eine offen gebliebene Nahtlücke. Am 16. 3. geheilt entlassen.

3) Anlegung des Dauerverbandes am Arm.

Elisabeth Thiessen, 3 Jahre alt.

Krankheit: Chronisch fungöse Ellbogengelenksentzündung, Caries der Gelenkenden.

Operation: Subperiostale Resection des Ellbogengelenkes nach v. Langenbeck den 8. 1. 83. Ein resorbirbares Drain, lockere Naht.

Verband. Fig. 29 a. u. b. 1 kleines Polster. — Fig. 29 a. —
1 grosses Polster. —
Watteunterfütterung der Ränder. —
Gazebinden. —
Glasschiene. —

} Fig. 29 b.

Fig. 29 a.

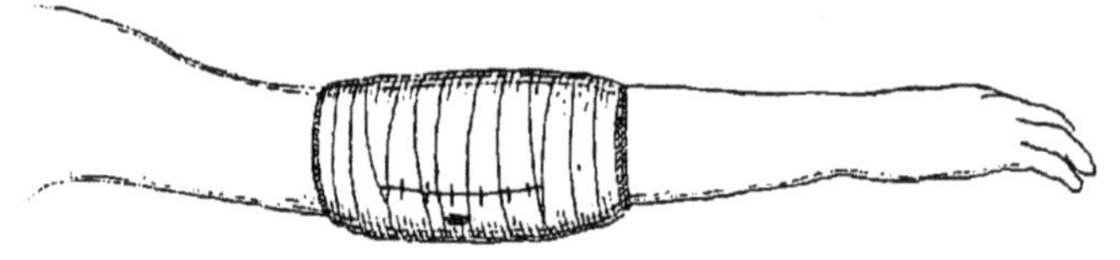

Fig. 29 b.

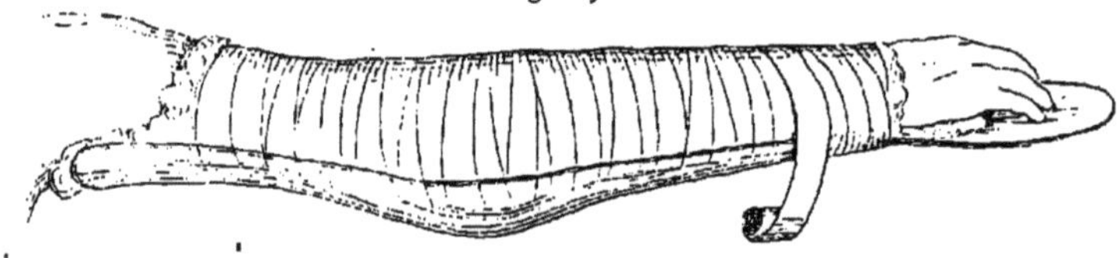

Wundverlauf: Normal, stets fieberfrei.

Entfernung des ersten Verbandes am 3. 2. 83; geheilt bis auf Drainausgang und Nahtlücken. Am 15. 2. mit beginnender Gelenkfunction und geheilter Wunde entlassen.

4) Anlegung des Dauerverbandes an den Fingern.

Der Vorderarm wird auf eine Schiene gewickelt, nachdem ein Fingerpolster (siehe Fig. 30) auf den verletzten Finger und ein zweites unter denselben gelegt ist.

Fig. 30.

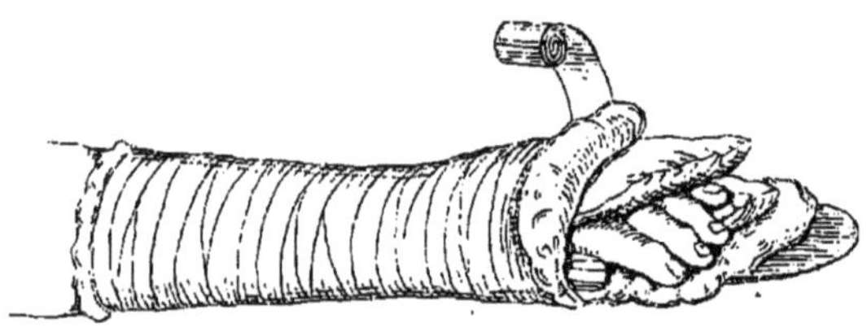

5) Anlegung eines Dauerverbandes nach einer Herniotomie.

Doris Glöh, 54 Jahre alt.

Krankheit: Hernia crural. dextr. incarcerata.

Operation: den 21. 2. 83. — Herniotomie, Reposition einer kleinen Dünndarmschlinge, Abtragung eines verwachsenen und vorgefallenen Netzballens, Naht des Bruchsackhalses und der Bruchpforte; Abtragung des Bruchsackes — lockere Naht, keine Drainage.

Verband. Fig. 31. 1 kleines Polster, darüber gewöhnliche Watte, Gazebinden, 1 Gummibinde. Letztere wird nach 2 Tagen entfernt. —

Fig. 31.

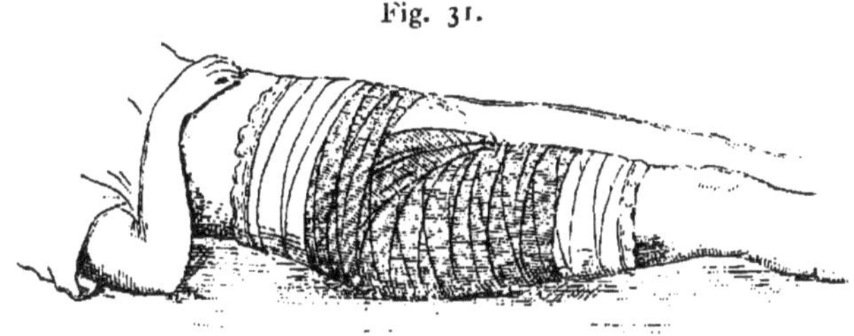

Wundverlauf: Normal, fieberfrei.

Verbandwechsel am 1. 3. 83. — Ohne Eiterung geheilt bis auf eine kleine von Torfschorf bedeckte Stelle, entsprechend dem offen gebliebenen unteren Wundwinkel.

Vollkommen geheilt entlassen den 3. 3. 83.

6) Anlegung des Torfverbandes an der unteren Extremität.

Wilhelmine Kruse, 8 Jahre alt.

Krankheit: Chronisch fungöse Kniegelenksentzündung — primär synovial. —

Operation: den 22. 2. 83. Totale Kniegelenksresection; zwei seitlich eingelegte resorbirbare Drains — 3 Hautlöcher.

Verband Fig. 32 a. und b.

1 kleines Polster
darüber 2 kleine seitliche Glasschienen } Fig. 32 a.

1 grosses Polster
Watteunterfütterung der Verbandgrenzen
Gazebinden
Glasschiene } Fig. 32 b.

Fig. 32 a.

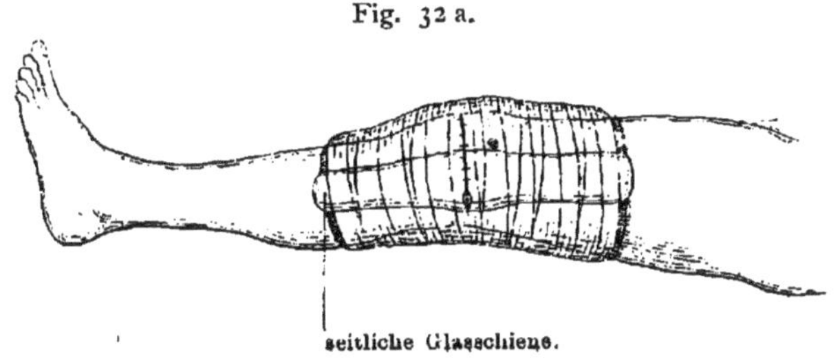

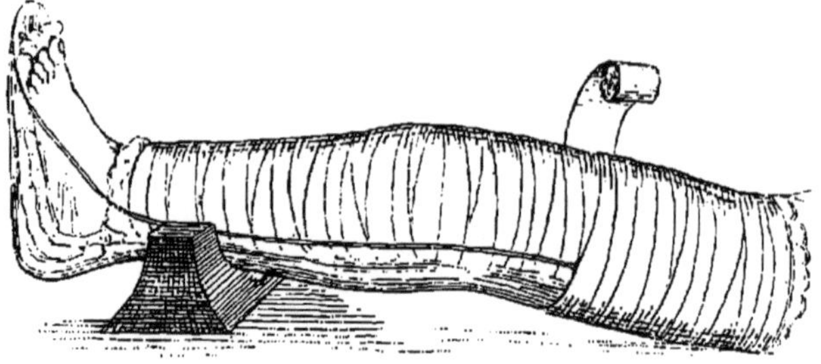

Fig. 32 b.

2 seitliche Glasschienen liegen zwischen dem kleinen und
dem grossen Polster, sichern die ruhige Lage der gegen einander
gestellten Knochen und gestatten, für den Fall einer Erneue-
rung des grossen Polsters, diese ohne jede wesentliche Störung
der Wundruhe. Die unmittelbar nach der Operation angelegte
Gummibinde wurde 6 Stunden nachher entfernt; das grosse
Polster wegen Sekretdurchtränkung nach 48 Stunden durch
ein neues ersetzt. —

Wundverlauf normal, fieberfrei.

Verbandwechsel am 2. 4. 83, also nach 40 Tagen. —

Vollkommen geheilt; nahezu consolidirt. —

Mit Gypstutor entlassen den 6. 4. 83. —

Immobilisirung der Extremität.

Für das Gelingen der Dauerverbände an den Extremitäten
ist auch die Art der Immobilisirung von Bedeutung. — Die
allgemein gebräuchlichen Holz- und Blechschienen genügen
durchaus nicht allen Anforderungen. Zunächst entspricht
ihre Form nicht der Gestalt eines Armes oder Beines. Sie
haben zwar die nöthige Länge und Breite, aber für die dickeren
und dünneren Theile der Extremitäten fehlen die entsprechenden
Vertiefungen und Erhöhungen. Man muss daher dieses Miss-
verhältniss der Oberflächen durch Watteunterlagerung aus-
gleichen; letztere aber wird, wenn sie auch für den Anfang
genügt, schon nach einigen Tagen an gewissen Stellen zu-
sammengepresst, so dass bei allen lang liegenden Verbänden
sehr bald eine ungleichmässige Lagerung entsteht, indem an
der einen Stelle die Extremität hohl, an anderen dagegen
übermässig hart aufliegt. — Diese Verhältnisse führen, da

die Patienten alsbald über Druck an dieser oder jener Stelle
klagen, einen Wechsel der Schiene und des Wattelagers, somit
eine Störung der Ruhe herbei. — Ferner deuten die häufigen
Klagen der Patienten über Druckschmerz an der oberen Grenze
des Hacken- und Ellbogenausschnittes auf einen anderen Uebel-
stand hin. Gerade an diesen beiden Stellen wird die Watte
zuerst zusammengedrückt, die Extremität liegt zu hart auf und
trotz der abgerundeten Ränder der Ausschnitte entsteht hier
nicht selten Decubitus. Ferner ereignet es sich oft, dass Blut
oder Wundsekret diejenigen Abschnitte des Verbandes, welche
der Schiene anliegen, durchfeuchtet. Da nun eine solche
Durchtränkung nicht immer rechtzeitig bemerkt wird, kann es
zu mancherlei üblen Folgen kommen. Entweder tritt Zersetzung des unbeachtet an die Oberfläche des Verbandes
gelangten Sekretes ein, welche sich erst späterhin durch den
Geruch bemerkbar macht, oder die Blechschienen rosten unter
dem Einfluss des feuchten Verbandes, oder Blut, Eiter und
Sekret dringen in die Holzschienen ein, so dass dieselben für
eine abermalige Benutzung nicht mehr taugen. Die Beseitigung
dieser verschiedenen Mängel, welche besonders seit der Benutzung der Dauerverbände übel auffielen, veranlassten mich
vor 2—3 Jahren *Glasschienen* [1]) construiren zu lassen. — Ich   Glasschienen.
liess für die obere und untere Extremität Holzmodelle in verschiedenen Grössen herstellen und danach Schienen aus Glas
fabriciren, welche allen Anforderungen genügen. — Sie sind
durchsichtig, gewähren ohne Ruhestörung der Extremität eine
Inspection der tiefsten Parthien des Verbandes, haben vor jedem
anderen Material den Vorzug der grösseren Sauberkeit und
gewähren ein ausserordentlich angenehmes Lager, so dass sie
mit sehr geringer Wattefütterung oder noch besser Torfmull-
füllung wochenlang unberührt liegen können, ohne auch nur
den leisesten Druck zu veranlassen. — Diese Glasschienen
sind verhältnissmässig billig und nicht so zerbrechlich, wie man
wohl von vorneherein annehmen möchte.

---

[1]) Am ersten Sitzungstage des X. Congresses — April 1881 — der deutschen
Gesellschaft für Chirurgie demonstrirte und empfahl *Gluck* einen Glasapparat,
welcher auch kleine Glasschienen enthielt.

Meine erste Publikation darüber, Sommer 1881, nachdem die Schienen schon
seit Anfang des Jahres in der Klinik benutzt waren.

Fig. 33.

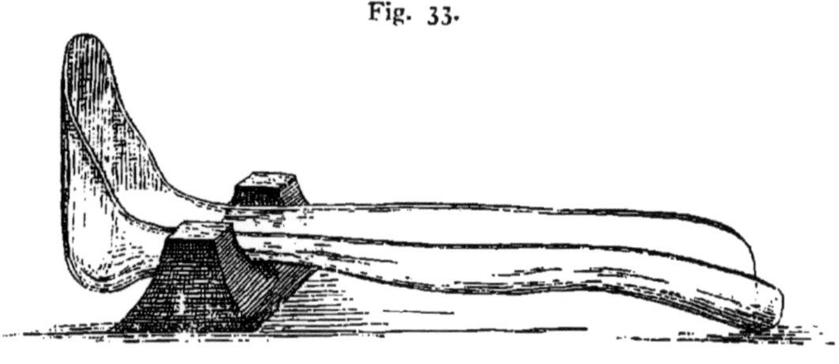

Fig. 34.

Wir haben seit Benutzung dieser Glasschienen noch niemals Druckgangrän beobachtet.

Immobilisirung durch Gypsverbände. Für Kriegszwecke taugt die Glasschiene wegen ihrer Zerbrechlichkeit natürlich nicht. Da wird man zur Immobilisirung der Extremitäten am besten einen Gypsverband über die mit einem Dauerverband bedeckte Wunde legen. — Der Gyps besitzt antiseptische Eigenschaften, eignet sich daher vorzüglich für diesen Zweck, braucht auch, wenn er kurz nach seiner Anlegung von Blut durchtränkt sein sollte, nicht erneuert, sondern nur an der durchfeuchteten Stelle desinficirt und hernach mit antiseptischen Verbandstoffen umgeben zu werden. — Auch in manchen Fällen der Privatpraxis — zumal auf dem Lande, wird die Immobilisirung durch Gyps den Schienenverbänden vorzuziehen sein.

Der Dauerverband in der Privatpraxis.

Die vordem gegebenen Anweisungen zur Anlegung der Dauerverbände und Ausführung der antiseptischen Operation lassen sich in jedem Hospital ohne Weiteres befolgen, weil dort alle für diesen Zweck erforderlichen Einrichtungen vorhanden oder doch zu beschaffen sind und vor allen Dingen ein geschultes Personal zur Verfügung des behandelnden Arztes steht. — Der Privatarzt dagegen oder der ausserhalb des Hospitals operirende Kliniker befindet sich in einer weniger günstigen Lage, dennoch weiss ich aus eigener Erfahrung, dass es auch unter solchen Verhältnissen möglich ist, antiseptisch zu operiren und einen guten Dauerverband anzulegen.

In erster Linie muss der Arzt, wenn er dieselben Erfolge erzielen will, wie der Kliniker, ein gläubiger Antiseptiker sein, alle gegebenen Regeln streng befolgen und die Technik sicher beherrschen. Gewiss wird solches den jüngeren Aerzten der neuen Aera leichter sein, als den älteren Herrn Collegen, aber auch für diese ist die Sache nicht so schwierig, wenn nur die Ueberzeugung von dem Werth der antiseptischen Methode und der vorurtheilsfreie gute Wille nicht fehlen. — Ein mehrwöchentlicher Aufenthalt an irgend einer Klinik, welche nach antiseptischen Grundsätzen geleitet wird, genügt zur hinreichenden Erlernung der Technik.

Derjenige Arzt, welcher überhaupt geneigt ist, sich auf grössere Operationen einzulassen, muss folgende Verbandgegenstände zur Hand haben, wenn er es nicht vorzieht, das für den jedesmaligen Bedarf Erforderliche in kleineren Beständen aus Fabriken oder Apotheken zu beziehen.

1) Gewöhnliche Watte zur Lagerung, zur Unterfütterung des Verbandes etc.
2) Rohe Gaze zur Herstellung der Gazebeutel, Tupfer etc.
3) Verschiedene Gazebinden, in Sublimatlösung — 1 : 1000 — aufzubewahren.
4) Zwei Glashäfen mit carbolisirten Schwämmen.
5) Carbol-, Bor-, Salicylsäure, Jodoform- und Sublimatbestände.
6) Je ein Glas mit Gummi- und resorbirbaren Drains, Catgut und carbolisirter Seide.
7) Mehrere Blechdosen, welche Torfmull oder grössere Bestände anderer Verbandstoffe (Salicylwatte, Carbolgaze, Jodoformgaze etc.) enthalten.
8) Einen Kasten mit Verbandscheeren, diversen Nähnadeln und carbolisirtem Zwirn.

In den Katalogen der Verbandstofffabriken werden verschiedene Kasten und Taschen empfohlen, welche den Transport, aller für eine antiseptische Operation, nothwendigen Verbandsgegenstände etc. in möglichst praktischer Weise gestatten sollen. — Ich besitze für meine Privatpraxis einen solchen kleinen Verbandapparat, Fig. 35, welcher, wie mir scheint, allen Anforderungen genügt. Derselbe enthält:

1 Gummiunterlage,

1 Gummibinde für elastische Einwickelung der Extremitäten. Als Constriktionsschlauch kann eventuell einer der für die Douchen bestimmten Schläuche benutzt werden.

1 Gummibinde nach Nikaise für künstliche Blutleere.

1 elastische Gummibinde zur Fixation der Unterlage an dem zu operirenden Körpertheil.

2 graduirte Wunddouchen (1 grosse, 1 kleine) bestimmt für Sublimat-, Carbol-, Bor- oder Salicyllösung.

2 Gummischläuche nebst Glasspitzen.

Der Deckel der grossen Wunddouche kann als Schale für Tupfer und kleinere Instrumente dienen. —

1 graduirtes Glasgefäss, eine Lösung von Salicylsäure und Bor-Glycerinsaur.-Natron enthaltend. — In 40,0 Gramm dieser Lösung sind 6 Gramm Borsäure und 1 Gramm Salicylsäure enthalten. — Das Glasgefäss meines Verbandapparates enthält 50 Gramm dieser Lösung. Schüttet man dieselben in die kleinere Douche und setzt darauf 650 Gramm Wasser (nach der Graduirung leicht zu bestimmen) hinzu, so erhält man die passende Borsalicyllösung.

1 auf 40 Gramm graduirtes Glasgefäss, 120 Gramm concentrirte Carbolsäure enthaltend. — Für die Herstellung der $2^1/_2$ und 5 $^0/_0$ Lösung ist die grosse Douche bestimmt — 40 Gramm Carbolsäure auf 800 Gramm Wasser = 5 $^0/_0$ Carbollösung, 40 Gramm Carbolsäure auf 1600 Gramm Wasser = $2^1/_2$ $^0/_0$ Carbollösung. —

1 Glasgefäss, enthaltend resorbirbare Drains und Catgut.

1 Sprayapparat. Das dazu gehörende Glasgefäss enthält Sicherheitsnadeln und Gummidrains, da dasselbe aber nur etwa 50 Gramm Flüssigkeit fasst, empfiehlt es sich, den Sprayapparat auf eine mit $2^1/_2$ $^0/_0$ Carbollösung gefüllte Bier- oder Weinflasche zu setzen, welche in jeder Privatwohnung zu haben sein wird.

1 auf 10 Gramm graduirtes Gefäss, eine Lösung von 3,0 Hydr. bichlorat. corros. in 27,0 Spiritus rectific., enthaltend. — Für die Herstellung der Sublimatlösungen ist eine der Douchen bestimmt.

10 Gr. der Lösung auf 1000 Wasser = 1 pro Mille.

20 „ „ „ „ 1000 „ = 1 : 500.

1 Glasgefäss mit 3 Nummern carbolisirter Seide,
1   do.   mit Jodoformäther 1 : 7.

Ausserdem finden folgende Verbandgegenstände, in ausreichender Menge für grössere Operationen, Platz:

1 kleines Torfpolster, eventuell schwarze Torferde oder andere Verbandstoffe, —
Antiseptische Ballen, —
Gazebinden. —

Es sind somit in diesem Verbandapparate fast alle für den antiseptischen Verband nothwendigen Materialien enthalten. — Rohe Watte, grosse Torfpolster, Stützapparate, Operationsröcke und Schürzen, sowie die eventuell erforderlichen Schienen und Gypsbinden müssen für sich transportirt werden.

Fig. 35.

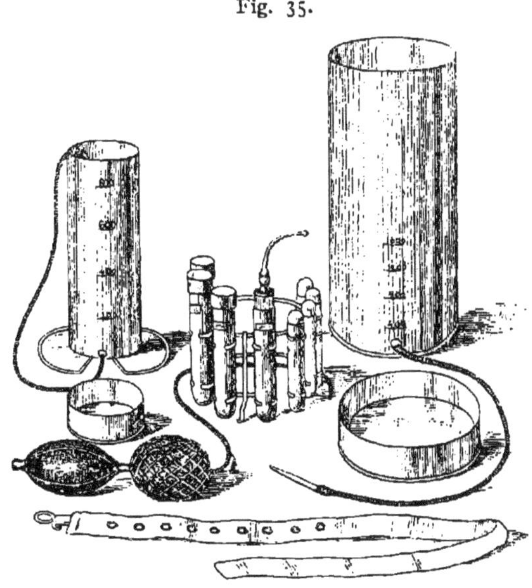

Nachdem die soeben erwähnten Gegenstände, sowie die Vorbereitungen im Hause des Patienten. nothwendigen Instrumente in das Haus des Patienten geschafft sind, stellt der Arzt alles Erforderliche, in passender Reihenfolge geordnet, an einen bequemen Platz. Sodann ist es durchaus nothwendig, dass die Desinfection der für etwaige Hülfeleistungen bestimmten Laien genau überwacht und jedem Einzelnen der für ihn bestimmte Posten zugewiesen werde. — Ich gebrauche stets für die Vorbereitungen mehr Zeit, als für die Operation. — Je sorgsamer die ersteren getroffen werden, um so sicherer und rascher wird die Ausführung der Operation gelingen.

Wenn z. B. irgendwo auf dem Lande eine Exstirpatio mammae gemacht werden soll, so gehe ich in folgender Weise vor:

Falls es die Verhältnisse irgendwie gestatten, wird Tags vor der Operation eine geübte Krankenpflegerin in das Haus der Patientin geschickt, um bei derselben bis zur eingetretenen Reconvalescenz zu bleiben.

Diese Pflegerin hat dafür zu sorgen, dass in dem improvisirten, vorher natürlich gründlich gereinigten Operationszimmer zur festgesetzten Zeit bereit stehen:

1) Ein passender mit 1—2 zusammengelegten wollenen Decken und einem vorher durchwärmten leinenen Laken bedeckter Tisch, der als Operationstisch dienen soll.

2) Ein kleiner Tisch, bestimmt für den Verbandstoff und die antiseptischen Lösungen.

3) Ein kleiner Tisch für die Instrumente.

4) Vier Eimer, davon drei zur Hälfte gefüllt mit abgekochtem Wasser; letzteres bestimmt für die Herstellung der antiseptischen Lösungen und Reinigung der Schwämme.

5) Vier leere Waschschalen — zwei zum Waschen der Hände; zwei werden später mit 5 % Carbollösung gefüllt. — Von diesen mit Carbollösung gefüllten Schalen ist je eine für die Desinfection der Hände und der in den Eimern vorher von Blut, Eiter etc. gereinigten Schwämme bestimmt.

6) Seife und Bürsten.

7) Ein Wasserguss zum Uebergiessen des ausgekochten Wassers aus dem Eimer in die für die Herstellung der antiseptischen Lösungen bestimmten Douchen.

8) Eine Flasche mit Trinkwasser nebst Glas.

Tags vor der Operation, sowie nochmals am Operations-
tage, hat die Krankenpflegerin eine gründliche Reinigung des
ganzen Körpers, zumal der zu operirenden Körpergegend mit
Seife, Bürste, Aether, Rasirmesser, Nagelreiniger etc. vorzu-
nehmen, ferner hat dieselbe zwei geeignete Personen (Heb-
ammen, Barbiere) zur Reinigung der Schwämme, Controle des
Pulses, zur Unterstützung der Patientin bei der Lagerung, zur
Hülfe beim Transport etc. ausfindig zu machen. — Diese drei
Personen sollen zur festgesetzten Zeit mit entblössten Armen,
reinen Händen und Nägeln im Operationszimmer zugegen
sein.

Der inzwischen, womöglich in Begleitung eines zweiten
Arztes, angelangte Operateur, packt zunächst die Verbandgegenstände und Instrumente aus, bereitet die antiseptischen
Lösungen in einer für die Füllung der Douchen und Waschschalen genügenden Menge, besprengt damit die Tische, legt
sodann Verbandgegenstände und Instrumente in geordneter
Reihenfolge an den dafür bestimmten Ort. — Einen Spray
während der Operation pflege ich nur dann zu benutzen, wenn
die Zimmerluft dumpf und unrein ist.

Inzwischen begiebt sich der behufs Leitung der Narkose^{Ausführung der Operation.}
zugezogene Arzt an das meist in einem anderen Zimmer be-
findliche Krankenbett und leitet die Narkose ein. — Während
die Patientin in das Operationszimmer transportirt und auf den
Tisch gelegt wird, vertheilt der Operateur nochmals die Rollen:
Also ein Arzt für die Narkose, eine Krankenpflegerin für die
Darreichung der Instrumente, die Assistenz bei der Wunde und
bei Anlegung des Verbandes, je eine Person zur Controle des
Pulses, Schwammreinigung und Unterstützung der Patientin.
Jeder muss auf seinem Posten bleiben und darf sich während der
Operation nicht in die Geschäfte des Anderen mischen,
weil dadurch nichts genützt, sondern nur Confusion herbeige-
führt wird.

Operateur, Krankenpflegerin und Schwammreiniger waschen
und desinficiren sich, sowie die zu operirende, inzwischen freigelegte Körpergegend nochmals — sodann beginnt die Operation, welche nach dieser sorgsamen Vorbereitung meist ohne
Störung nach den früher gegebenen allgemeinen Regeln rasch
vollendet wird.

Der soeben beschriebene Hergang für die Operation in der Privatpraxis setzt nun zwar voraus, dass es sich nicht um einen Eilfall handelt. — Haben wir es mit einem solchen zu thun, so liegen die Dinge etwas anders. Allein zur Heranziehung eines Collegen, zur Besorgung einer Pflegerin oder Hebamme, zur Zusammenstellung der nothwendigen Instrumente und Verbandgegenstände wird wohl immer hinreichende Zeit vorhanden sein; alles Uebrige freilich muss der Operateur an Ort und Stelle so genau wie möglich nach obigem Schema anordnen. — Hinsichtlich der Anlegung des Verbandes und der Nachbehandlung vergleiche die betreffenden Capitel dieser Arbeit.

Der Dauerverband im Kriege.

Eine antiseptische Behandlung der Wunden auf dem Schlachtfelde ist, zumal bei massenhaften Verletzungen äusserst erschwert. — Allein man darf verlangen, dass auch die Kriegschirurgie in ihrer praktischen Ausführung vom antiseptischen Princip beherrscht werde, soweit dies die vorliegenden Verhältnisse nur irgend gestatten. — In bündiger Weise hat *Esmarch*[1]) seine Ansichten, über die antiseptische Wundbehandlung im Kriege, bereits 1876 geäussert. — College *Lange*[2]) und ich hatten im Herbst 1876 die Absicht, die Richtigkeit dieser Vorschläge durch den praktischen Erfolg zu beweisen und mit Erlaubniss des Herrn Geheimrath Esmarch begaben wir uns nach Serbien, um die dort sich bietende Kriegsgelegenheit für diesen Zweck zu benutzen, fanden aber trotz aller dahin zielenden Bestrebungen, nicht die gewünschte Gelegenheit, auf dem Schlachtfelde Chirurgie zu treiben, weil wir sofort zu Chefärzten grösserer Lazarethe ernannt wurden und daher niemals die Verwundeten unmittelbar nach der Verletzung, sondern frühestens 5 Tage später sahen. — Zwar ist es uns gelungen, unter den denkbar schwierigsten Verhältnissen streng antiseptisch zu verfahren, unsere Resultate waren auch sehr gut, aber den eigentlichen Zweck unserer Expedition erreichten wir leider nicht. Dagegen lieferten die Erfahrungen

---

[1]) Die antiseptische Wundbehandlung in der Kriegschirurgie von Dr. F. Esmarch. Verhandlg. der deutsch. Gesellsch. f. Chir. 1876. —

[2]) Dr. F. Lange. Erlebnisse im serbisch-türk. Kriege 1876.

Bergmann's [1]) und *Reyher's* [2]), im Russisch-Türkischen Kriege, den glänzendsten Beweis für die Richtigkeit der Esmarch'schen Anschauungen. Diese gehen dahin, dass selbst schwere Schussverletzungen oft reactionslos zur Heilung gelangen, wenn man von dem Grundsatze *„Nur nicht schaden"* ausgehend, die frischen Wunden ohne vorherige Digital- oder Sondenuntersuchung mit einem antiseptischen Verband bedeckt und den verletzten Körpertheil immobilisirt. Die der Wunde zunächst aufliegenden Verbandtheile bilden alsdann mit dem aussickernden Blut und Sekret einen Schorf, unter welchem die Wunde heilen kann, selbst wenn die Knochen frakturirt oder Fremdkörper eingedrungen sein sollten.

Um eine dieser Anschauung entsprechende Behandlung auf dem Schlachtfelde durchführen zu können, muss das Sanitätspersonal mit der modernen Wundbehandlung vertraut und antiseptisches Verbandmaterial sowie das für die Anlegung der Verbände und für die Ausführung der Operationen erforderliche Inventar vorhanden sein. —

So wie die Verhältnisse zur Zeit in Deutschland liegen, sind Aerzte, Lazarethgehülfen, Krankenwärter und Krankenträger in ausreichender Zahl vorhanden, dagegen genügen die in der Kriegs-Sanitätsordnung vorgesehenen Verbandstoffe und Inventarien nicht und so lange hinsichtlich dieser beiden Punkte eine Aenderung nicht erfolgt, ist die allgemeine Durchführung der antiseptischen Wundbehandlung auf dem Schlachtfelde unmöglich. — Vor allen Dingen muss die Charpie endgültig beseitigt und durch antiseptische Verbandstoffe ersetzt werden. Letztere müssen billig und die in ihnen enthaltenen Antiseptica constant an den Verbandstoff gebunden, also weder flüchtig sein, noch herausfallen können. — Diesen Anforderungen entsprechen 2 % Jodoformtorf- oder Sägespähnepolster in jeder Hinsicht, dieselben sind daher nach meiner Ansicht allen anderen Verbandstoffen für Kriegszwecke vorzuziehen und sollten in hinreichender Menge in den Taschen der

---

[1]) Ernst Bergmann, die Behandlungen der Schusswunden des Kniegelenkes im Kriege 1878.

[2]) Carl Reyher, die antiseptische Wundbehandlung in der Kriegschirurgie. Volkmann's Sammlung klinischer Vorträge No. 142—143.

Lazarethgehülfen, den Bandagen-Tornistern und Medicinwagen der Bataillone und bei den Sanitätsdetachements vorräthig sein.

Als Antisepticum der für die Reinigung der Haut, sowie für die Ausspülung der Wunden bestimmten Lösungen war in den neuesten Kriegen meist die Carbolsäure ($2\frac{1}{2}$ und 5 %) im Gebrauch. Da das Sublimat in viel schwächerer Lösung (1 : 500 resp. 1 : 1000) dasselbe leistet und bei passender Verwendung in dieser Verdünnung nicht toxisch wirkt, ist es für die Wundirrigation und Reinigung der Haut ohne Frage der Carbolsäure vorzuziehen.

Hinsichtlich der Wundbehandlung auf dem Schlachtfelde ist es vor allen Dingen sehr wichtig, dass die Verwundeten *möglichst bald nach der Verletzung* einen antiseptischen Dauerverband erhalten und ich möchte glauben, dass dies in den meisten Fällen durch passende Vertheilung des Sanitätspersonals, Materials und Inventars etwa in folgender Weise erreicht werden kann.

Etliche hundert Schritt hinter der Gefechtslinie, wo möglich an einem etwas geschützten Platz, befindet sich der *Truppenverbandplatz* und in weiterer Entfernung ausser Bereich des Kleingewehrfeuers ein *Hauptverband- und Operationsplatz.* — Am Truppenverbandplatz ist die Hälfte des Truppensanitätspersonals — am Hauptverband- und Operationsplatz die andere Hälfte der Truppen-Sanitätsmannschaften, sowie das Personal der Sanitätsdetachements in Thätigkeit.

Die *Leichtverwundeten (cr. 68 %)* werden zunächst weder untersucht noch verbunden, sondern sie marschiren allein oder mit Hülfe eines nicht verwundeten Kameraden auf den *Hauptverbandplatz*, erhalten dort antiseptische Verbände event. auch immobilisirende Schienen- oder Gypsverbände, werden fernerhin den Feldlazarethen überwiesen und meist ohne weiteren Verbandwechsel geheilt. —

Die *Schwerverwundeten (cr. 32 %*, darunter ca. 4 % Kopf-, 6 % Rumpf-, 3 % grössere Gefässverletzungen, 14 % Schussfracturen, 14 % Weichtheilsverletzungen der Extremitäten) werden zunächst auf dem *Truppenverbandplatz* provisorisch verbunden, sodann an den Hauptoperationsplatz geschafft, dort operirt oder definitiv verbunden und alsdann dem *Feldlazareth* überwiesen. Hier bleiben die Kranken je nach Umständen bis zur Evacuation oder vollkommenen Heilung, jedenfalls wird die fernere Behandlung durchaus nach den für die Friedenschirurgie gültigen Vorschriften geleitet. Vergl. das Capitel über die Nachbehandlung pag. 73.

Der Hauptoperationsplatz muss vollkommen für grössere Operationen eingerichtet sein und je nach Lage des Gefechtes und Anhäufung der Verwundeten, leicht von einer Stelle zur anderen verlegt werden können. — In dieser doppelten Hinsicht eignet sich ein vom Sanitätsrath Dr. *Mencke* in Wilster construirter Operationswagen — Fig. 36 und 37 — ausgezeichnet. Er liefert für Hauptoperations- und Verbandplatz je einen Operationstisch und Stuhl, hat hinreichenden Platz für grosse Verbandmengen, ist leicht transportabel, in wenig Minuten aufgestellt und wieder zusammengepackt.

Mencke's Operationswagen, zusammengestellt.

Fig. 36.

1) Abnehmbare Rückenlehne mit hinten angeschnalltem Lederkoffer — enthält Gummidecken, Douchen, Schienenstoff, eine grosse Wasserflasche, Spraydecken, Eiterbecken, Schienen.

2) Sitzpolster, dienen später als Matratzen des Operationstisches.

3) Abschraubbare Beine des Operationstisches.

4) Fussbrett.

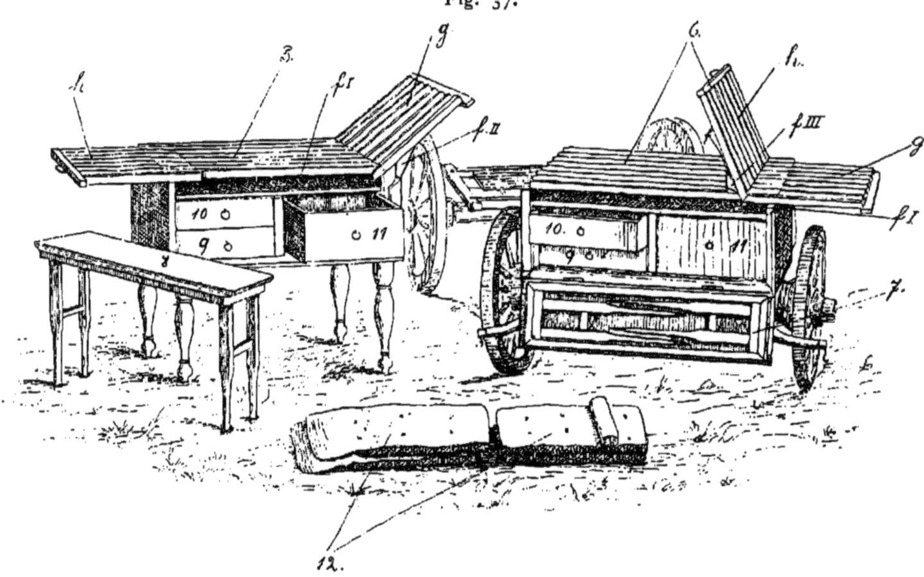

Mencke's Operationswagen, auseinander genommen.
Fig. 37.

5) Operationstisch vom Wagengestell herabgenommen.

6) Operationsstuhl auf dem Wagen hergerichtet.

7) Instrumenten- resp. Verbandtisch noch am Wagen befindlich aber heruntergeklappt.

8) Instrumenten- resp. Verbandtisch aufgestellt.

9) 10) 11) Schiebladen mit Instrumenten, Polstern, künstl. Blutleere, Gyps, Watte, Cambric- und Gazebinden.

12) Herabgenommene Sitzpolster, werden auf die Operationstische gelegt und als Matratzen benutzt. Daneben eine Nackenrolle. Ueber die Matratze wird eine grosse Gummidecke gebreitet, welche im Lederkoffer enthalten ist.

Anweisung zur Aufstellung der Mencke'schen Operations- resp. Verbandtische.

1) Lösung des Hakens a, Herausziehen der Stange b, Entfernung des Fussbrettes (4) mit den daran befestigten Tischbeinen (3). Fig. 36.

2) Entfernung der vier Sitzpolster (2). Fig. 36.

3) Emporheben eines zwischen den Sitzpolstern befindlichen Knopfes.

4) Anziehen der Rückenlehne nach vorne, welche nach Lösung der Haken d, sammt Lederkoffer fortgenommen wird. Fig. 36.

5) Halbe Rechtsdrehung eines bei e befindlichen Knopfes und Herunterklappen der als Rückwand des Sitzpolsters dienenden Platte des Operationstisches (7), welche sofort aufgestellt werden kann (8). Fig. 37.

Der Operationstisch kann nun entweder auf dem Wagen bleiben und dort event. auch als Operationsstuhl (6) Fig. 37 aufgeschlagen oder abgehoben (durch Abheben zweier bei i Fig. 36 angebrachter Klammern und Herausziehen zweier bei k befindlichen Stangen) auf die Beine geschroben werden. Die Höhe des Tisches ist in beiden Fällen dieselbe, nämlich 86 ctm.

Die fernere Herrichtung des *Operationstisches* geschieht in folgender Weise: Ein unter der Sitzplatte bei fI Fig. 37 befindliches dreieckig geformtes Holzstück wird bei f II (beim Operationsstuhl bei fIII) durch eine einfache Vorrichtung befestigt; das Stück h der Sitzplatte ausgezogen, das Stück g derselben durch eine Drehung nach rechts herumgeschlagen, bis es an f II eine Stütze findet. Um den Operationsstuhl herzurichten, schlägt man zunächst das Stück g der Sitzplatte herum, schiebt das halb aufgerichtete Stück h derselben bis hart an g heran und stützt h durch das bei fIII eingesetzte dreieckige Holzstück. Operationstisch resp. Stuhl werden sodann mit den Matratzen sowie mit einem allseitig überhängenden Gummituch bedeckt.

Angenommen, es handele sich um 5 % Verwundungen (also ca. 1400 auf ein Armeecorps, davon 68 % schwer und 32 % leicht [1]), so würden für die Durchführung der hier entwickelten Behandlungsweise ca. 14 Operationswagen pro Armeecorps genügen. Diese liefern für 14 Hauptverband- und Operationsplätze mit 4—6 Aerzten und 12—20 Lazarethgehülfen, je zwei Operationstische resp. Stühle. —

An mehreren Schlachttagen der letzten Kriege waren die Verluste der einzelnen Corps zwar bedeutender als 5 %, z. B. hatte das Gardecorps bei Gravelotte ca. 25 % Verwundete, dagegen aber das gleichzeitig betheiligte II. Corps nur 3$\frac{1}{2}$ %, das X. Corps 0,3 %, das VI. Corps 2$\frac{1}{2}$ % und der Gesammtverlust bei Grave-

---

[1] Alle in diesem Capitel erwähnten Daten sind dem Handbuch der Kriegschirurgie von Fischer, sowie dem Generalstabs-Werk über den deutsch-französischen Krieg 70/71 entnommen,

lotte, der nächst blutigsten Schlacht des französischen Krieges, belief sich bei 278,000 Combattanten deutscher Seite nur auf 5,46 %. —

Gerade unter solchen Verhältnissen ist die leichte Transportfähigkeit der Operationswagen von grösster Bedeutung, da sie sammt dem zugehörigen Personal und Material von einer weniger betheiligten Truppe der anderen, welche grössere Verluste erlitt, jederzeit überwiesen werden können. —

Andererseits waren die Verluste in vielen Schlachten der Jahre 1870/71 geringer als 5 %, z. B. bei

Weissenburg	1,01 %	Verwundete
Spichern	3,05 „	„
Wörth	4,55 „	„
Sedan	3,40 „	„
Orleans 11. 10. 70	1,17 „	„
Amiens	1,95 „	„
Beaune la Rolande . . .	0,70 „	„
Le Mans	0,72 „	„

Bei verhältnissmässig so geringen Verlusten kann die Behandlung aller frischen Wunden mit Dauerverbänden nicht allzu grosse Schwierigkeiten machen, wenn nur antiseptisches Material und das für die Ausführung der nothwendigen Operationen, sowie für die Anlegung der Verbände nothwendige Inventar immer zur Stelle ist. Ich bezweifle nicht, dass der Mencke'sche Wagen in dieser Hinsicht allen Anforderungen entspricht und daher für spätere Kriege von grossem Nutzen sein kann. [1] —

Für die Immobilisirung der verletzten Extremitäten sind △ Tücher, Cambricbinden, Schienen und Gypsbinden im Operations- sowie im Medicinwagen vorräthig. — Operations- und Medicinwagen führen Wasservorräthe, welche Verwendung finden, wenn es in der Nähe des Hauptoperationsplatzes an reinem Wasser fehlen sollte. Ausser den von den Sanitäts- resp. Medicinwagen und den Sanitätsmannschaften mitgeführten Verbandstoffen, hat jeder Soldat ein Verbandpäckchen bei sich. — Das *Esmarch'sche Verbandpäckchen* enthält [2]:

---

[1] Der Wagen ist auf der diesjährigen Ausstellung für Hygieine ausgestellt. Gruppe 17 No. 910. —

[2] Prof. Esmarch's erster Verband auf dem Schlachtfelde.

1) ein △ Tuch mit Sicherheitsnadel zur Immobilisirung des verletzten Körpertheils und Befestigung fixirender Verbände.
2) eine gestärkte Gazebinde.
3) zwei antiseptische Salicyljuteballen in Oelpapier einge-schlagen.

Die *Verbandpatrone nach Nussbaum* enthält [1]):

Salicylsäure, etwas Salicylwatte, eine 2 Meter lange Flanellbinde, darüber ist eine 45 ctm. lange und 4 Finger breite Blechschiene gewickelt und das Ganze in Theer-papier fest verpackt.

Diese Patrone soll in der Herzgegend des Waffenrockes angebracht werden, kann dort nebenbei eventuell das Herz als Blechschild schützen.

Der Inhalt dieser Päckchen und Patronen sollte nur dann Verwendung finden, wenn der Verwundete auf sich selbst an-gewiesen ist; das kommt gewiss verhältnissmässig selten vor, z. B. bei kleinen Vorposten- und Patrouillengefechten, so-dann im Gebirge oder coupirten Terrain, wo weder Aerzte noch Lazarethgehülfen in der Nähe sind. Die Verbandpäckchen werden von manchen Kriegschirurgen für überflüssig oder gar schädlich gehalten, ich glaube mit Unrecht, denn unter den eben erwähnten Verhältnissen ist etwas Verband doch besser, als gar keiner — nur über die Art des Inhaltes und der Ver-packung lässt sich streiten. Vielleicht genügte eine in wasser-dichten Stoff eingenähte Cambricbinde (1 meter lang, 6 ctm. breit) und ein dreieckiges Tuch mit zwei Sicherheitsnadeln. Man müsste dann den Soldaten anweisen, die frische Wunde sofort provisorisch mit etwas Moos, Laub oder Sand zu bedecken, darüber die Binde zu legen und für die Immobilisi-rung nach Angabe der auf den dreieckigen Tüchern Esmarch's vorhandenen Zeichnungen zu sorgen. —

Pag. 23 wurde erwähnt, dass Sand, Moos und Erde als antiseptisches Verbandmaterial Verwendung finden können; will man jedoch den Päckchen antiseptische Verbandstoffe hin-zufügen, so würden auch hier Jodoformtorf- oder Sägespähne-Ballen das geeignete Material liefern.

---

[1]) v. Nussbaum. Leitfaden zur antiseptischen Wundbehandlung. IVte Aufl. pag. 123.

Nach den soeben entwickelten Anschauungen müsste unsere Kriegssanitätsordnung folgende Abänderungen erfahren:

1) Die Truppenärzte halten sich nicht in der Gefechtslinie auf, sondern sind an den Truppenverband-, Hauptverband- und Operationsplätzen beschäftigt.

2) Statt der Hauptverbandplätze mit Empfangs-, Verband- und Operationsabtheilung werden *Hauptverbandplätze für Leichtverwundete* und *Hauptoperationsplätze für Schwerverwundete* errichtet. Hier sind die *Mencke'schen Operationswagen* aufgestellt und die disponiblen Truppenärzte, sowie Aerzte der Sanitätsdetachements von vornherein thätig. —

3) Die Feldlazarethe sind nur für die Nachbehandlung, nicht aber für primäre Operationen und Verbände bestimmt.

4) Statt der Charpie werden Torf- und Sägespähnepolster, eventuell andere antiseptische Verbandstoffe eingeführt und statt Carbollösungen im Allgemeinen Sublimatlösungen benutzt. —

5) Das jedem Soldaten mitgegebene Verbandpäckchen findet nur ausnahmsweise Verwendung, dann nämlich, wenn sich in der Nähe des Verwundeten weder Aerzte noch Lazarethgehülfen aufhalten. —

An dem deutsch-französischen Kriege habe ich mich als Soldat, am serbisch-türkischen Feldzuge als Lazaretharzt betheiligt — in beiden Kriegen also nicht Gelegenheit gefunden, auf dem Schlachtfelde Chirurgie zu treiben, demnach sind auch die vorstehenden Sätze weniger nach eigener Erfahrung, als theoretisch hinter dem Schreibtisch construirt, werden daher dem praktisch geübten Kriegschirurgen vielleicht sehr mangelhaft erscheinen. Ich habe diesen Gegenstand auch nur desshalb kurz berührt, weil mir die — übrigens von *Bergmann* und *Reyher* schon bewiesene — grosse Bedeutung der Dauerverbände für den Krieg zweifellos erscheint. Ich wollte lediglich meine Ansicht über einen Gegenstand, welchen ich bei dieser Gelegenheit nicht ganz übergehen durfte, entwickeln, bin jedoch weit entfernt, mir Vorschläge auf diesem Gebiet zu erlauben; dieselben werden gewiss demnächst von berufener Seite erfolgen, denn in der alten Weise mit Charpie als Verbandmaterial kann es in der antiseptischen Aera unmöglich weiter gehen!

IV. Die Nachbehandlung.

Unmittelbar nach Vollendung des Verbandes beginnt die Nachbehandlung.

Der Kranke wird in eine wollene Decke geschlagen, auf eine Tragbahre gelegt, in's Krankenzimmer transportirt und in das gut erwärmte Bett gelegt. — *(Transport des Operirten. Erwärmung des Bettes.)*

Um Verbrennungen, welche hie und da bei dieser Gelegenheit vorgekommen sind, zu vermeiden, dürfen die Wärmflaschen nicht zu heiss, sie müssen ausserdem stets mit einem Flanelltuch umwickelt sein. —

Nach Operationen, welche unter künstlicher Blutleere ausgeführt wurden, lassen wir die Extremität während des Transportes und der nächsten 1—2 Stunden hoch halten, um der parenchymatösen Nachblutung entgegen zu wirken. — *(Hohe Lagerung der Extremitäten.)*

Allgemeinbehandlung des Operirten oder Verletzten.

Zuweilen befinden die Patienten sich unmittelbar nach dem Erwachen aus der Narkose ganz wohl. Meist treten jedoch während der ersten 24—48 Stunden die bekannten Chloroformbeschwerden in den Vordergrund — Brechneigung, heftiger Durst, Appetitlosigkeit und Kopfschmerz können den Kranken ausserordentlich quälen. — Wir verordnen *gegen die Brechneigung* je einen Eisbeutel in Nacken und Magengegend, 3—4täglich 1—2 Esslöffel schwarzen Moccakaffee, bei starker Anämie tiefe Lagerung des Kopfes und, wenn Alles nicht helfen will, 2mal täglich 0,03 Coffeïn subcutan (1,0 Coffeïn aq. dest. et Spiritus ana 12,5). — Jede Nahrungsaufnahme pflegt die Brechneigung von Neuem anzuregen, wir untersagen daher dieselbe während der ersten 24—36 Stunden gänzlich. — Gegen den heftigen Durst helfen Ausspülungen des Mundes mit eiskaltem Wasser — alle 20—30 Minuten zu wiederholen — am besten, dagegen wird durch das Verschlucken des Wassers oder kleiner Eisstückchen der Zustand durch erneute Anregung des Brechreizes nur verschlimmert. *(Chloroformbeschwerden.)*

Nach überstandenen Chloroformbeschwerden pflegt das Befinden der Kranken ein ausserordentlich günstiges zu sein. Der Puls ist normal oder wenig frequent, die Haut von leichtem Schweiss bedeckt, die Zunge feucht, das Aussehen des Patienten frisch und wohl, die Körpertemperatur im Allgemeinen normal, zuweilen etwas erhöht. Leichte Kost — Fleischbrühe, geschabtes Fleisch, Milch, Weissbrod, Eier, Wein — wird alsdann verordnet, doch schon nach Ablauf der ersten drei bis vier Tage kann der Patient, natürlich unter der Voraussetzung eines normalen Wundverlaufes, dieselbe Nahrung wie in gesunden Tagen zu sich nehmen. —

Collaps.

Nach sehr eingreifenden oder mit grossem Blutverlust verbundenen Operationen, sowie nach schweren Verletzungen gestaltet sich der Verlauf zuweilen anders. — Alsdann treten bedenkliche Collapserscheinungen in den Vordergrund — schwacher, frequenter Puls, kalter Schweiss, niedrige Körpertemperatur, grosse Brechneigung, Bewusstlosigkeit und Apathie, in anderen Fällen wieder grosse Erregung oder Unruhe. Subcutane Injectionen von Camphoröl, Schwefeläther, Moschus; Grog- und Cognacclystiere, häufige Darreichung starker Weine in kleinen Portionen, subcutane Milchinjectionen und schliesslich die Autotransfusion bei tiefer Kopflage — sind die Mittel, deren wir uns bei derartigen Zuständen bedienen.

Sobald der Collaps beseitigt ist, wird die fernere Behandlung nach den oben gegebenen Regeln geleitet.

Wundbehandlung bei normalem Verlauf.

Beurtheilung der Wunde ohne Besichtigung derselben.

Wir sind sehr wohl in der Lage, die Wundverhältnisse auch ohne Inspection der Wunde zu beurtheilen und halten den Wundverlauf für normal, wenn nach Ablauf der Chloroformbeschwerden und Collapserscheinungen

1) der Patient weder spontan noch bei Druck auf den Verband über erhebliche Schmerzen klagt. (Geringe Schmerzen, kurz nach der Operation, zumal bei furchtsamen und leicht erregten Patienten kommen nicht in Betracht.) —

2) Schwellung der central von der Wunde gelegenen Lymphstränge und Drüsen, sowie Oedeme und Röthung der Haut an den Grenzen des Verbandes nicht vorhanden sind,

3) das subjective Befinden des Patienten ein günstiges ist. — Vollkommenes Wohlbefinden, behagliche Stimmung, feuchte Haut, leichter Schweiss ohne vorausgegangenes Frösteln, guten Appetit, ruhigen Puls und ungestörten Schlaf beobachten wir nur dann, wenn in der Wunde Alles normal verläuft. —

Bezüglich der Beurtheilung einer Wunde *halte ich das Allgemeinbefinden des Patienten für das zweitaus wichtigste Symptom* und lege demselben ein grösseres Gewicht bei, als der durch Thermometrie bestimmten Körpertemperatur. Sofern nur das Allgemeinbefinden nicht wesentlich beeinträchtigt ist, mag die Temperatur immerhin auf 40° und darüber steigen! — Wir können unter solchen Verhältnissen hinsichtlich der Wunde ganz ruhig sein und den Verband unberührt liegen lassen; denn die Erfahrung hat uns gelehrt, dass trotzdem die Wundheilung ganz normal zu verlaufen pflegt, wenn nur das Allgemeinbefinden günstig ist. —

Volkmann und *Genzmer* führten für diese ohne Störung des Wohlbefindens auftretenden Temperaturerhöhungen die Bezeichnung des *aseptischen Fiebers* ein. Nahezu die Hälfte sämmtlicher Kranken wird nach grösseren Operationen von diesem Fieber befallen. Entweder tritt es vorübergehend und wenig intensiv auf, besteht nur am ersten und zweiten Tage nach der Operation, steigt bis 38,5 und 39° oder wir begegnen — und das zumal nach grösseren Operationen an kräftigen Individuen — einer steil bis 40°, ja 41° ansteigenden Curve, die ihre Höhe am zweiten resp. dritten Tage erreicht, um dann allmählig zur Norm abzufallen, welche sie zuweilen erst nach 8—10 Tagen erreicht. Charakteristisch für dieses sogenannte aseptische Fieber ist, wie bereits hervorgehoben, das ungestörte Allgemeinbefinden, dagegen finden wir typisch sich wiederholende Curven nicht.

Ueber die Ursachen dieses aseptischen oder reinen Wundfiebers sind die Anschauungen verschieden. *Volkmann* und *Genzmer* bezeichnen es als ein Resorptionsfieber, welches durch die Zufuhr von Stoffen unterhalten wird, die von denjenigen, welche die physiologische regressive Gewebsmetamorphose und der physiologische Stoffwechsel liefern, nicht allzu verschieden sind[1]. Es handelt sich nach ihrer Ansicht um die Aufnahme relativ homologer Umsetzungs- und Zerfallprodukte, welche ja in jeder Wunde gebildet werden. *Sonnenburg*[2] und *Küster*[3] meinten dagegen, dass dieses im Verlauf der Wundheilung auf-

Das einfache Resorptions-fieber.

---

[1] A. Genzmer und R. Volkmann. „Ueber septisches und aseptisches Fieber". Sammlung klin. Vorträge, No. 121.

[2] E. Sonnenburg. „Zur Lehre der Carbolintoxication". Centralblatt für Chirurgie, 1878, No. 47.

[3] E. Küster. „Die giftigen Eigenschaften der Carbolsäure". v. Langenb. Archiv XIII.

tretende Fieber durch Carbolintoxication hervorgerufen werde. *Credé*[1]) wollte eine während der Operation stattfindende Er-kältung dafür verantwortlich machen und nach *Edelberg*[2]) handelt es sich um ein durch Resorption von Blut oder das in demselben enthaltene Fibrinferment bedingtes Wundfieber.

Nach meiner Ansicht haben wir es mit einem Fieber zu thun, welches durch Resorption verschiedener Stoffe entsteht, die nach einer grösseren Operation in jeder Wunde vorhanden sind. Dahin gehören die Zerfallsprodukte der verletzten Ge-webe, der eingeführten Catgutfäden und Drains, ferner die antiseptischen Lösungen, eingedrungene Luft, Wundsekret u. s. w. Je energischer die resorbirende Thätigkeit der verletzten Ge-webe und je grösser die Summe aller in einer Wunde vor-handenen abnormen Stoffe — Zerfallsprodukte, Blut, Luft, Wundsekret — um so näher liegt die Wahrscheinlichkeit, dass ein Resorptionsfieber eintreten werde. — Wir beobachten dasselbe daher vornehmlich nach langdauernden und aus-gedehnten Operationen in gefässreichen Körperregionen und bei kräftigen Individuen. Das Auftreten oder Fehlen dieses einfachen Resorptionsfiebers erscheint für den Wundverlauf ganz gleichgültig und deutet durchaus nicht auf schlechte Wundverhältnisse hin. Wurde einmal unter solchen Umständen der Verband entfernt, so fanden wir eine tadellose Wunde, welche sofort wieder verbunden werden musste. Ein Verband-wechsel wird unter solchen Verhältnissen niemals Nutzen bringen, sondern höchstens schaden; ich rathe daher den-selben ganz zu unterlassen, so lange — selbst bei hohem Wundfieber — das subjective Befinden des Operirten ein günstiges ist.

Für die Richtigkeit dieser Anschauungen könnte ich viele Beispiele anführen, doch beschränke ich mich auf die Mitthei-lung eines besonders typischen Falles.

Frau Kühl, 24 Jahre alt, litt an einer derben, mit den Bauchdecken fest verwachsenen, etwa Kindskopf grossen Ge-schwulst, welche ihren Sitz dicht oberhalb des rechten Poupart-

---

[1]) B. Credé. „Einiges über Fieber nach antiseptischen Operationen". Central-blatt für Chirurgie, 1877, No. 12.

[2]) M. Edelberg. „Klinische und experimentelle Untersuchungen über das Wundfieber bei der antiseptischen Behandlung." Deutsche Zeitschrift für Chirurgie XIII, 1. Heft.

schen Bandes hatte. Der Tumor war zuerst vor ca. 7 Monaten bemerkt worden, seitdem sehr rasch gewachsen. Es handelte sich nach unserer Ansicht um eine fibröse Geschwulst, welche ihren Ausgang von den Fascien der Bauchdecken genommen hatte und die jedenfalls entfernt werden musste. — Am 31. März 1881 exstirpirte ich nach Bildung eines grossen Hautlappens den Tumor, welcher die ganze Dicke der Bauchwand einnahm und unter Vorwölbung des theilweise angewachsenen Peritoneum tief in die Bauchhöhle hineinragte. Ein nahezu handtellergrosses Stück vom Peritoneum wurde mit entfernt, so dass sich nach Exstirpation der Geschwulst in der vorderen Bauchwand ein durchgehender grosser Defect zeigte. — Die Wundränder des Peritoneum, der Muskulatur und der Haut wurden für sich durch über einander liegende fortlaufende Catgutnähte vereinigt, mehrere resorbirbare Drains eingeschoben und sodann ein Torfverband angelegt. — Der Wundverlauf zeichnete sich durch hohe Temperatur bei absolut gutem Befinden aus. Die Patientin äusserte niemals subjective Beschwerden. Irgend welche Symptome einer Peritonitis waren zu keiner Zeit vorhanden, die Pulsfrequenz Anfangs erhöht, Appetit normal, Haut und Zunge feucht, in der Wunde nicht die geringsten Schmerzen, weder spontan noch auf direkten Druck. — Die näheren Angaben über die Temperatur sind auf der folgenden Tafel beigegeben.

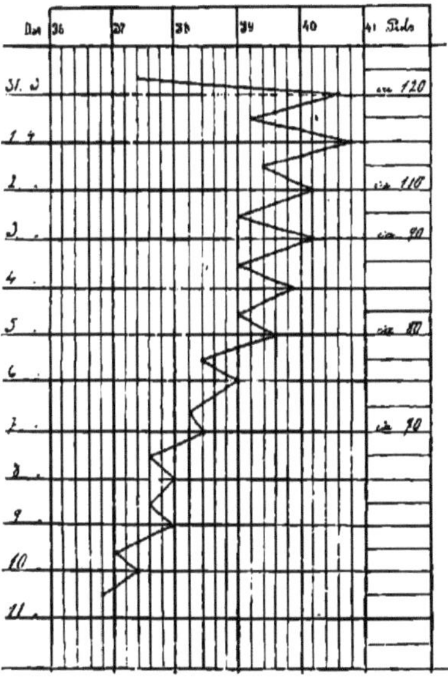

Trotz der hohen Temperatur mussten nach meiner Ansicht die Wundverhältnisse in diesem Fall günstig sein. Ich liess daher den ersten Verband bis zum Tage der muthmaasslich eingetretenen Heilung unberührt. Nach seiner Entfernung lag eine, ohne Eiterung in ganzer Ausdehnung bis auf die Austrittsstellen der Drains, primär geheilte Wunde vor. — Die Patientin verliess alsbald das Bett und konnte bereits am 31. Tage nach der Operation entlassen werden. Nach neuerdings eingezogener Erkundigung befindet dieselbe sich auch zur Zeit ganz wohl. —

Ich bezweifle sehr, ob bei frühzeitigem und öfter wiederholtem Verbandwechsel der Verlauf ebenso günstig gewesen sein würde. Wir hätten damit nur die Ruhe der Kranken und der Wunde gestört, zumal wenn ich — wie dies meistens geschieht — die Drains entfernt, abgespült und wieder eingeschoben hätte. Ich glaube, dass gerade in solchen Fällen, wo doch innerhalb der Wunde eine sehr lebhafte Sekretion und Resorption stattfindet, wo also die elementaren Gewebsbestandtheile eine äusserst energische Thätigkeit entwickeln, die Ruhe der Wunde von ganz ausserordentlicher Wichtigkeit für die Erreichung einer primären Vereinigung ist. — Zuweilen haben wir in ähnlichen Fällen den Verband öfters gewechselt, um uns von dem Zustande der Wunde zu überzeugen. Dieselbe wurde alsdann abgespült, das Drainrohr entfernt und wieder eingeschoben, eventuell diese oder jene etwas stark gespannte Naht gelöst, nach einer Verhaltung gesucht, aber keine gefunden, — kurz man beschäftigte sich unnöthiger Weise eine geraume Zeit mit der Wunde und vereitelte dadurch oft die prima intentio vollkommen oder doch zum Theil. — Derartige Erfahrungen mussten uns in der Ansicht, dass *selbst bei hohem aseptischem Fieber jeder Verbandwechsel unnöthig und sogar schädlich sei,* nur bestärken. —

Unter der Voraussetzung eines normalen Wundverlaufes — möge derselbe ohne oder mit dem soeben beschriebenen Resorptionsfieber einhergehen — gestaltet sich die Nachbehandlung der unter Dauerverbänden liegenden Wunden ausserordentlich einfach.

Der operirte resp. verletzte Körpertheil wird fest und sicher gelagert und der Patient aufgefordert, jede unnöthige Bewegung zu vermeiden.

Es ist Sache der Pflegerin, den Verband täglich 2—3 Mal zu revidiren. Dabei sind folgende Dinge zu beachten und event. dem Arzt zu melden: *(Revision des Verbandes.)*

1) *Verschiebung oder Lockerung des Verbandes* — durch Watteunterfütterung und festes Anziehen einer von Neuem angelegten Binde zu beseitigen. —

2) *Beschmutzung des Verbandes von aussen* — die beschmutzten Theile müssen entfernt und erneuert werden, kommt meist nur an den die Verbände abschliessenden Watteringen und äussersten Bindentouren vor. —

3) *Durchtränkung des Verbandes mit Blut oder Sekret.* — Handelt es sich nur um einen kleinen, höchstens Handteller grossen Blut- oder Sekretfleck an der Oberfläche des Verbandes, so wird derselbe mit Sublimatlösung (1 : 1000) abgespült und mit einem frischen, der Grösse des Fleckes entsprechenden Torfpolster bedeckt. —

Ist dagegen die Verbandoberfläche in grösserer Ausdehnung oder an mehreren Stellen durchtränkt, so muss das äussere Polster entfernt, das darunter liegende kleine mit Sublimatlösung desinficirt und alsdann von Neuem mit einem frischen grossen Polster umgeben werden. — Derartige „*tiefe Revisionen*" des Verbandes kommen seit Verwendung der Torfpolster ausserordentlich selten vor. —

Unter den pag. 74—78 beschriebenen Verhältnissen bleibt der Verband unberührt bis zum Tage der muthmaasslich eingetretenen Heilung. — So liegt der Verband bei kleinen weder drainirten noch canalisirten Wunden 4—6 Tage, bei grösseren Weichtheilswunden, z. B. nach der Exstirpation ausgedehnter Tumoren 12—14 Tage, nach Amputationen 12—20 Tage, nach Resectionen 3—6 Wochen, nach Nekrotomieen 2—3 Wochen u. s. w. *(Termin für die Entfernung des ersten Verbandes.)*

Wundbehandlung bei abnormem Wundverlauf.

Der Wundverlauf ist abnorm, wenn nach Beseitigung des Collapses und der Chloroformbeschwerden das Allgemeinbefinden des Patienten gestört, die Körpertemperatur erhöht, die Wunde spontan oder auf Druck schmerzhaft ist. — Zuweilen sind gleichzeitig die nächst gelegenen Lymphdrüsen vergrössert und druckempfindlich, die Haut an den Grenzen des Verbandes geröthet und ödematös. —

Derartige Abweichungen vom normalen Verlauf deuten auf entzündliche Vorgänge innerhalb der Wunde, welche durch specifische Stoffe hervorgerufen werden. Wir unterscheiden verschiedene Wundinfectionen:

1. Die septische Wundinfection.

Durch die Einwirkung von Fäulnissorganismen auf das innerhalb der Wunde vorhandene organische Material, geht letzteres in Fäulniss über. Es bildet sich somit in der Wunde ein lokaler Fäulnissherd und von diesem gehen septische Entzündungen der benachbarten Gewebe aus. —

Die fäulnisserregenden Stoffe können auf verschiedene Weise in eine Wunde gelangen.

Primäre Wund-infection. (Contactinfection.)

1) Durch direktes Eindringen in die Wunde von aussen. — Alsdann handelt es sich entweder um *direkte Uebertragung* des septischen Giftes mittelst unreiner Instrumente, Schwämme, Hände, Drains, Catgutfäden und Verbandstoffe, oder um *atmosphärische Fäulnisserreger*, welche in die Wunde gerathen, sich dort unter Zersetzung ihres Nährbodens vermehren und eine locale Fäulniss, sowie dadurch bedingte locale Infection veranlassen.

Von dem lokalen Infectionsherd gelangen septogone Stoffe in das Blut und erzeugen eine septische Allgemeininfection.

Somit haben wir es mit einer *primären Wund- und dadurch bedingten secundären Allgemeininfection* zu thun. Derartige primäre Wundinfectionen sammt ihren Folgen lassen sich durch richtige Anwendung der antiseptischen Wundbehandlung vermeiden; sie entstehen also nur dann, wenn die Wunde von vorne herein nicht streng antiseptisch behandelt wurde.

Secundäre[1] Wundinfection. (Spontaninfection.)

2) Im circulirenden Blut kreisen zuweilen Fäulnissorganismen; mit dem Blut gelangen sie zur Wunde und werden in derselben abgelagert. —

Diese endanthropen Pilzkeime entstehen nicht im Organismus selbst, sondern gelangen durch die Schleimhäute der Respirations-, Digestions- und anderer Organe in das *strömende* Blut. — Hier finden sie schlechte Existenzbedingungen vor, gehen daher meist unter oder werden mit den Excreten ausgeschieden. Befinden sich jedoch im Organismus an irgend einer Stelle Störungen oder Hindernisse

---

[1] Dr. C. Gussenbauer. Sephthämie, Pyohaemie und Pyo-Sephthämie pag. 101 ff. Deutsche Chirurgie.

der Circulation — mögen dieselben durch eine Verletzung oder andere Verhältnisse bedingt sein — so stranden die Pilzkeime an diesen Orten und erzeugen daselbst Lokal-infectionen, sofern die lokalen Verhältnisse — z. B. Blut-extravasate, Sekretansammlungen, todte Räume, abge-storbene Gewebe — der Pilz-Entwicklung günstig sind. —

Auf diesem Wege der *primären Allgemein- und secun-dären Lokalinfection* entstehen nicht nur gewisse Infections-krankheiten, z. B. die acute Osteomyelitis, sondern auch Wundinfectionen nach subcutanen oder antiseptisch be-handelten offenen Verletzungen. — Subcutane Blutergüsse können in Folge derartiger Vorgänge verjauchen, frische und antiseptisch behandelte Wunden inficirt werden. —

Damit ist durchaus nicht gesagt, dass alle von aussen oder vom Blut her in die Wunde hineingerathenen Keime zur Ent-wicklung gelangen müssen. Im Gegentheil unterliegen die ein-gedrungenen Irritamente oft im Kampf mit den belebten elementaren Geweben und nur im Fall einer massenhaften In-vasion oder besonders bösartiger Qualität siegen die Mikro-organismen, zumal wenn sie ihren Angriff gegen ein wenig widerstandsfähiges Individuum (z. B. alte oder sehr geschwächte, blutarme Patienten) richten. — Ohne Zweifel wird die Existenz der Irritamente überall in Frage gestellt, wo sie auf belebte Gewebe stossen. — Man muss daher unter allen Umständen Sorge tragen, dass jeder Abschnitt der Wunde lebensfähig sei, resp. im Bereich der circulirenden Säfte stehe. — Daher sind, wie bereits früher hervorgehoben, alle Sekretansammlungen und ausserhalb der Circulation stehenden Räume zu vermeiden, denn hier würden Infectionsstoffe, falls sie auf diesem oder jenem Wege in die Wunde gelangt sein sollten, Gelegenheit zur Fortentwicklung finden, weil ihnen an solchen Orten ein ebenbürtiger Gegner: das kreisende, sauerstoffreiche Blut nicht entgegen tritt. —

Ist in Folge mangelhafter Wundbehandlung oder Operation oder in Folge primärer Allgemeinerkrankung eine Lokalinfection entstanden, so gestaltet sich der fernere Verlauf, je nach der individuellen Widerstandsfähigkeit des erkrankten Organismus und der Menge, sowie der Intensität des eingedrungenen Giftes, sehr verschieden und zwischen den leichtesten und schwersten Infectionen liegen viele Zwischenstufen. —

Hinsichtlich der Beurtheilung des Verlaufs und der Therapie halte ich eine Eintheilung der septischen Infectionen in leichte und schwere sowie in Uebergangsformen für zweckmässig.

Der Kranke klagt über geringe intermittirend auftretende Schmerzen in der Wunde, das subjective Befinden ist durchaus nicht schlecht, aber auch nicht sehr gut, Appetit mässig, Puls frequent, Zunge belegt aber feucht, Temperatur etwas erhöht, Abends gegen 39 ^{0} ansteigend; an den ausserhalb des Verbandes liegenden Körpertheilen, Haut, Lymphsträngen, Drüsen nichts Abnormes nachweisbar.

Dieser Zustand schliesst sich unmittelbar an die Chloroformbeschwerden an und besteht höchstens 2—3 Tage, alsdann verschwinden die Schmerzen, das Befinden bessert sich und die Temperatur fällt zur Norm ab.

Die soeben beschriebenen Symptome werden meist durch unbedeutende Entzündungen hervorgerufen. Entweder handelt es sich um minimale Gewebsmortificationen und reactive Vorgänge in der Nähe der Demarkationsgrenze oder um leichte Infectionen, welche von Stichcanälen und Ligaturen ausgingen. In der Nähe des primären Infectionsortes schwankt die Wunde zwischen Eiterung und primärer Heilung, es handelt sich um einen Kampf zwischen der vitalen Energie der Gewebe und den eingedrungenen Infectionsstoffen und je nach der Uebermacht auf der einen oder anderen Seite, kommt es zu unbedeutender Eiterung oder die Entzündungserscheinungen gehen, ohne eine Spur zu hinterlassen, vollkommen zurück. Jedenfalls aber ist bei diesen leichtesten Infectionsformen die primäre Heilung der Wunde in weiterer Umgebung des Entzündungsherdes nicht gestört.

Ein solcher Zustand, welcher klinisch durch leichtes Unbehagen, vorübergehende Schmerzen und Temperatursteigerung charakterisirt ist, indicirt einen Verbandwechsel nicht; denn die Verhältnisse sind nicht gefahrdrohend und werden sich nach Rückgang der Entzündung oder Perforation eines kleinen Abscesses innerhalb weniger Tage spontan bessern. — Die Gewebe sind während der kritischen Tage auf das Aeusserste ihrer Leistungsfähigkeit angespannt und in der absoluten Ruhe der Wunde finden sie im Kampf gegen die feindlichen Irritamente die beste Unterstützung, während jede Störung dieser Ruhe, eventuell sogar durch neue Zufuhr, den

Gegner kräftigen würde. — Es ist daher bei diesen leichten, klinisch bestimmt charakterisirten Entzündungen, jeder Verbandwechsel schädlich, muss also vermieden werden.

Die Richtigkeit dieser Anschauung wird durch unsere praktische Erfahrung durchaus bestätigt. Früher galt bei uns die Regel, dass unter solchen Verhältnissen der Verband sofort entfernt werden müsse, die freigelegte Wunde wurde sorgsamst untersucht, man fand entweder nichts Abnormes oder eine circumscripte Röthung und Schwellung, pflegte alsdann, um doch etwas gethan zu haben, die Drains zu wechseln, löste einige Nähte und vereitelte dadurch nicht selten die primäre Heilung für die ganze Wunde oder doch für einen grossen Theil derselben. — Jetzt hingegen bleibt der Verband unberührt, nach einigen Tagen schwinden alle störenden Erscheinungen, die Wunde bleibt bis zum Tage der voraussichtlich eingetretenen Heilung ungestört und wenn der Verband alsdann entfernt wird, finden wir entweder vollkommene Heilung in ganzer Ausdehnung oder doch bis auf eine wenig eiternde, granulirende oder gar schon übernarbte Stelle, an welcher kurz nach der Operation die, das Fieber erzeugenden, Vorgänge etablirt waren. —

In anderen Fällen gehen die Wundinfectionen unter ernsteren Symptomen einher, sie bilden alsdann den Uebergang zu den schweren Formen. —

Die Klagen der Patienten sind erheblich, die Schmerzen heftig und andauernd, das subjective Befinden nicht gut, Appetit mässig, Durst heftig, Temperatur Morgens remittirend, Abends gegen 40° und darüber, die benachbarten Lymphdrüsen zuweilen empfindlich und die Haut an den Grenzen des Verbandes nicht selten ödematös. Dieser Zustand beginnt bald nach der Operation, seltener nachdem der Patient sich einige Tage durchaus wohl befunden, zuweilen im Anschluss an die oben beschriebenen Symptome der leichtesten Wundinfection. — Eine spontane Besserung beobachten wir fast nie, und ohne energische Eingriffe pflegt sich der Verlauf mit jedem Tage ungünstiger zu gestalten, bis schliesslich eine schwere septische Erkrankung mit all' ihren üblen Folgen daraus entsteht. —

Der Verband muss unter solchen Verhältnissen natürlich sofort entfernt werden, denn bei einem derartigen klinischen Verlauf haben wir es zweifellos mit ausgedehnten Entzündungen in der Wunde zu thun. — Meist handelt es sich um Weichtheilsphlegmonen, Hautgangrän oder Sekretretentionen, jedenfalls ist die primäre Heilung der Wunde vereitelt und wir sind gezwungen, der Entzündung mit energischen Mitteln entgegen zu treten. —

Abscesse werden ausgiebig incidirt, desinficirt und mit Gummidrains versehen. — Bei *Weichtheilsphlegmonen* sind reichliche Stichelungen, viele Incisionen, Lösung spannender Nähte, Abtragung nekrotischer Fetzen, Desinfection mit Sublimatlösung (1 : 500) und Gummidrainage am Platz. Hernach bedecken wir die Wunde mit einem Torfpolster oder mit einer feuchten Gazecompresse, welche je nach dem ferneren Verlauf ein- oder mehrmals täglich erneuert werden muss. — Erst nach Ablauf aller acuten Entzündungserscheinungen dürfen die Verbände wieder längere Zeit liegen. —

Bei richtiger Behandlung verlaufen die soeben beschriebenen infectiösen Entzündungen schliesslich immer günstig, die primäre Heilung wurde zwar vereitelt, aber das Leben des Patienten kam doch nicht in drohende Gefahr. — In dieser Hinsicht steht es mit den schweren septischen Wundinfectionen leider ganz anders.

Die schwere septische Wundinfection. Hier treten äusserst bedrohliche Intoxicationserscheinungen in den Vordergrund. Der Patient macht den Eindruck eines schwer Erkrankten, der Puls fliegend, die Athmung frequent, die Haut welk, die Zunge trocken und scharf wie eine Reibe, oft ist das Sensorium benommen, zuweilen liegt der Kranke in heftigen Delirien, zuweilen ganz apathisch da. Appetit pflegt nie vorhanden zu sein, dagegen wird über quälenden Durst geklagt, die Körpertemperatur ist meist gleichmässig hoch, oft über 40^0, selten unter 39^0 — rasch verfallen die Kräfte, es kommt zu sekundärer Betheiligung anderer Organe, und früher oder später — je nach Verhältniss der septischen Infection zur Widerstandskraft des befallenen Organismus — stellen sich Collapserscheinungen ein, bis schliesslich, abgesehen von den seltenen Genesungsfällen, der Patient nach Verlauf etlicher Tage oder Wochen der Krankheit erliegt.

Bei derartigem Allgemeinbefinden sind die Wundverhältnisse natürlich von vorneherein sehr schlecht. Wir finden bald nach der Operation oder Verletzung Röthung und Oedem der benachbarten Weichtheile, zuweilen Injection der Lymphstränge und Schwellung der zunächst gelegenen Lymphdrüsen. In den schlimmsten Fällen zeigen sich hier und da grössere und kleinere, mit trübem Serum gefüllte Blasen, darunter und daneben dunkelblaue oder schwärzliche Flecken auf der Haut, grosse Theile der letzteren, sowie der Fascien und Sehnen, des Muskel- und Unterhautzellengewebes sind nekrotisch und die abgestorbenen Theile verfallen unter Bildung übelriechender Gase, der Fäulniss. — Die Wundfläche selbst ist schlaff, atonisch, meist von einem weisslich-gelben Belag überzogen; nur hier und da zeigen sich spärliche Granulationen, welche alsbald wieder ulcerös zerfallen. — Die Anfangs serösblutige Wundsekretion nimmt einen jauchigen Charakter an. Dicker gelber Eiter wird nur dann gebildet, wenn — wie es ja zuweilen vorkommt — eine günstige Wendung eintritt und nach Ablösung der gangränös gewordenen Gewebe, üppige Granulationen überall emporsprossen. Dieser günstige Ausgang ist jedoch leider sehr selten, meist kommt es im ferneren Verlauf zu progredienten Phlegmonen, Lymphadeniten, Lymphangoïten oder es treten Erysipele, zuweilen auch metastatische Erkrankungen anderer Organe hinzu, so dass wir in solchen Fällen das klinische und pathologische Bild der Septo-Pyohaemie vor uns haben.

Solche Krankheitsbilder beobachten wir zum Glück ausserordentlich selten, wenn auch die Gelegenheit dazu nicht ganz fehlt, indem ja zuweilen die Patienten septisch in's Hospital treten.

2. *Sonstige accidentelle Wundkrankheiten.*

Ausser den soeben kurz besprochenen septischen Infectionen, kommen noch andere accidentelle Wundkrankheiten vor, welche durch specifische Infectionsstoffe erzeugt werden. So entstehen das Erysipelas, die Diphtheritis, die Pyohaemie und der Hospitalbrand. — Man sieht dieselben viel seltener, als die verschiedenen Formen der rein septischen Infectionen. Unter einem antiseptischen Dauerverband haben wir seit Jahren die Entstehung einer der erwähnten accidentellen Wundkrankheiten nicht beobachtet. — Durch eine von vorne herein richtige Wundbehandlung ist das Vorkommen derselben überhaupt unmöglich gemacht. — Hinsichtlich des Verlaufes und der Therapie der Pyohaemie, Diphtheritis, des Erysipelas und des Hospitalbrandes verweise ich auf die Lehrbücher der allgemeinen Chirurgie. —

Intercurrent auftretende Krankheiten.

Zuweilen kommen während der Nachbehandlungsperiode intercurrente Erkrankungen vor, welche mit der Wunde gar nichts zu thun haben, deren Beachtung resp. Beseitigung aber in Rücksicht auf den Wundverlauf von grosser Wichtigkeit ist. — Häufig veranlassen die mit manchen Operationen verbundenen Abkühlungen der Patienten Erkältungskrankheiten, z. B. Bronchitis, Angina, Rheumatismus etc. — Bei alten Leuten muss man an die Möglichkeit einer hypostatischen Pneunomie denken, scrophulöse Individuen tragen vielleicht an irgend einer vom Operationsterrain entfernten Körpergegend fiebererregende Herde. — Coprostasen und hartnäckige Obstructionen können Temperatursteigerungen hervorrufen. Bei Frauen beobachteten wir dieselben zuweilen kurz vor beginnender Menstruation. In diesen oder ähnlichen Fällen ist das Befinden der Patienten alterirt, aber fast immer bietet das Krankheitsbild dieses oder jenes Symptom, welches auf irgend ein fern von der Wunde liegendes Organ deutet. Wir werden daher, wenn ein Patient nach der Operation fiebert und sich dabei schlecht befindet, zunächst nachforschen, ob nicht irgend eine ausserhalb der Wunde liegende Ursache vorhanden sei, die zur Erklärung der eingetretenen Störung herangezogen werden könne. Erst wenn eine solche nicht gefunden wird, dürfen wir an abnorme Wundverhältnisse denken und behufs Beseitigung derselben die Wunde besichtigen. Im anderen Falle aber lasse man die Wunde unberührt und wende die Therapie dem intercurrent erkrankten Körpertheile zu.

Uebler Geruch lang liegender Verbände.

Oft verbreiten die Verbände, nachdem sie wochenlang lagen, einen üblen Geruch. Dabei ist die Temperatur normal, das Befinden des Kranken durchaus ungestört, und die Wunde zeigt nach Entfernung des Verbandes die günstigsten Verhältnisse. — Diese Beobachtungen machen wir fast nach allen Verletzungen an den wenig gepflegten Händen und Füssen unserer Arbeiter, unter deren dicker Epidermis trotz der sorgsamsten Reinigung wohl stets Zersetzung erzeugende Organismen zurückbleiben, die sich aber erst dem im Verband enthaltenen Sekret beimischen, nachdem die Wunde bereits durch primäre Verklebung oder durch Granulationen gegen die nachtheiligen Einflüsse geschützt ist. Nach Nekrotomieen und Ausschabungen cariöser Knochen tritt, nachdem die Verbände 10 bis 14 Tage lagen, der Geruch recht oft auf. Auch hier scheint die spätere Zersetzung des Sekretes der inzwischen durch Granulationen geschützten Wunde nicht im Geringsten zu schaden und wenn wir unter den soeben erwähnten Verhältnissen den Verband wechseln, so geschieht es weniger in Rücksicht auf die Wunde, welche sich unter dem an Bacterien reichen Eiter sehr wohl befindet, als in Rücksicht auf die Umgebung des Patienten und die reine Luft der Krankensäle. —

Zuweilen bekommen die lang liegenden Verbände einen eigenthümlichen Geruch nach altem Käse oder Leim. Dieser Geruch ist eine Folge der Zersetzung des in den Verband eingedrungenen Schweisses, hat keine weitere Bedeutung, fällt nur während der Abnahme der Polster beim Verbandwechsel unangenehm auf und bleibt gänzlich unbemerkt, wenn — wie bei uns unter solchen Umständen geschieht — die Verbände im Wasserbade abgeschwemmt werden.

Die vordem häufig beobachteten Carbol-, Harz- oder Paraffineczeme sehen wir seit Benutzung der Torfverbände, sowie der Bor-Salicyl- und Sublimatlösungen natürlich nicht mehr. — Dagegen zeigt sich nach Entfernung des Dauerverbandes zuweilen ein auf die nächste Umgebung der Wunde begrenztes *Eczem*. Dasselbe entsteht nie unter einem Schorf, sondern nur bei stark eitriger oder seröser Wundsecretion durch andauernde Reizung der unter dem feuchten Verbande liegenden Haut und kommt besonders häufig in der Inguinalbeuge sowie in der Achselhöhle corpulenter Individuen vor. — Derartige Eczeme verschwinden in 2—4 Tagen, nachdem die erkrankte Haut mit Vaselin bestrichen und hernach mit Watte oder einem Torfpolster bedeckt war. —

Zusammenstellung der Indikationen für den Verbandwechsel.

Unter Bezugnahme auf die vorstehenden Erörterungen über die Nachbehandlung würden sich folgende Indikationen für den Verbandwechsel ergeben.

1) Der Verband liegt im Allgemeinen *unberührt bis zum Tage der voraussichtlich eingetretenen Heilung*, also je nach Art und Ausdehnung der Wunde 5—40 Tage; nämlich

   bei kleinen, nicht drainirten Weichtheilwunden 4—6 Tage, bei grösseren, canalisirten oder drainirten Weichtheilwunden 10—14 Tage,

   z. B. nach einer Exstirpatio mammae 10 Tage,
   „   „   „   „   mit Ausräumung
   der Achselhöhle 14 Tage

   nach Amputationen 12—20 Tage.

   z. B. nach der amputatio antibrachii 12 Tage,
   „   „   „   femoris 20 Tage,

   nach Resectionen 20—40 Tage.

   z. B. nach der Resection des Ellenbogengelenkes 20 Tage,
   „   „   „   „ Kniegelenkes 40 Tage,

   nach Nekrotomieen 14—20 Tage.

2) *Bei Durchfeuchtung des Verbandes* wird je nach der Menge des an die Oberfläche gelangten Sekretes entweder nur frischer Verbandstoff vorgebunden, oder das grosse Polster vollkommen entfernt und durch ein neues ersetzt.

3) *Nach Beschmutzung des Verbandes von aussen* wird der beschmutzte Theil, event. das grosse Polster entfernt und erneuert.

4) Bei dem *einfachen Resorptions-,* „*dem sogenannten aseptischen Fieber*“, bleibt der Verband unberührt.

5) *Bei den leichten Infectionen* (Stichcanalseiterungen etc.) bleibt der Verband ebenfalls unberührt.

6) *Der Verbandwechsel ist indicirt,* wenn Allgemeinbefinden und Temperatur *auch nur die Möglichkeit einer ernsteren Wundinfection* nahe legen.

7) *Der Verband muss sofort entfernt werden,* wenn er einen in der Umgebung unangenehm auffallenden *Geruch* verbreitet.

Nach den während des I. Quartals 1883 an Wunden gemachten Erfahrungen

lag der 1. Verband bis zum beabsichtigten Termin in ca. 94 % der Fälle
wurde der 1. Verband vorzeitig entfernt   „   „   6 %   „   „
wurde das grosse Polster erneuert   „   „   5 %   „   „
wurde frischer Verbandstoff vorgebunden   „   „   10 %   „   „.

Der Verbandwechsel.

Die Entfernung resp. der Wechsel des Verbandes muss regelrecht und schnell von Statten gehen, daher ist es nothwendig, dass alle dazu erforderlichen Verbandgegenstände, Instrumente etc. geordnet zur Seite des Krankenbettes aufgestellt und die zur Hülfeleistung nothwendigen Personen disponibel seien.

Für jeden Verbandwechsel sind folgende Gegenstände erforderlich:

1) Je eine mit Bor-Salicyl- und Sublimatlösung (1 : 1000) gefüllte Glasdouche.

2) Mehrere Tupfer in einer mit Bor-Salicyllösung gefüllten Glasschale zur Reinigung der Wundumgebung.

3) 1—2 Schutzdecken, welche über das Bett gelegt werden.

4) 2 Glaseiterbecken.

     Diese Glaseiterbecken habe ich gleichzeitig mit den Glasschienen herstellen lassen, wir benutzen dieselben bereits seit Anfang 1881 und zwar in 3 verschiedenen Formaten (1 rechteckiges, 1 grosses und 1 kleines ovales). Dieselben bieten den früher gebräuchlichen Eiterbecken aus Messing oder Blech gegenüber den Vorzug der grösseren Sauberkeit.

5) 1 Verbandeimer aus Glas, Porzellan oder emaillirtem Eisenblech.

6) Eventuell zur Unterstützung des Patienten eine Beckenstütze oder ein rechteckiger, mit Krollhaaren fest gepolsterter und mit Gummi überzogener Klotz.

7) Eine Schale mit Vaselin; letzteres zum Bestreichen der zuweilen mit Eczembläschen besetzten Haut.

8) Ein Verbandkasten mit Scheeren, Pincetten, Schieberpincetten, Sonden, 2 Messern, 1 Schabeisen und Höllensteinträger.

Ueber die bereit zu haltenden Verbandstoffe muss der behandelnde Arzt, je nach dem von ihm vermutheten Zustand der Wunde, vorher Bestimmungen treffen. Es liegen im Allgemeinen jedoch nur folgende Möglichkeiten vor:

I. *Die Wunde ist voraussichtlich ganz oder nahezu vollkommen geheilt,* dann genügen folgende Gegenstände zur Anlegung eines Deckverbandes:

bei kleinen Wunden: eine Watteflocke und ein Heftpflasterkreuz,

bei grösseren Wunden:

1) ein mit Borsalbe (1 : 2) bestrichener Lintlappen zur Bedeckung etwa noch granulirender Drainausgänge und Hautlöcher.

2) Ein Stück entfettete Watte, welche während der nächsten Tage oder Wochen der jungen Narbe als schützende Umhüllung dient.

3) Cambric- oder Gazebinden zur Befestigung des Deckverbandes.

Mit diesem Verbande werden die Kranken meist in die Heimath entlassen und angewiesen, denselben je nach Art der geheilten Wunde, nach einigen Tagen oder erst nach 1—2 Wochen zu entfernen. Sollten dann noch oberflächlich granulirende Stellen vorhanden sein, so müsste ein ähnlicher Verband, eventuell nach Abschabung der Granulationen, abermals angelegt werden. — Handelt es sich um Amputationsstümpfe, so verweisen wir die einstweilen zu entlassenden Kranken nach Verlauf von 6—8 Wochen behufs Herstellung der zweckentsprechenden Prothese an den Bandagisten. — Nach Resectionen an der unteren Extremität legen wir über den oben beschriebenen Schutzverband noch einen Gypstutor; nach Resectionen der oberen Extremität wird entweder eine Mitella oder eine Pappschiene angelegt. Nach Gelenkresectionen an der oberen Extremität bleibt der Patient, behufs Wiedererlangung einer nur durch Massage und beaufsichtigte Uebung zu erreichenden guten Funktion noch 1—2 Monate im Hospital oder mindestens in ambulanter Behandlung.

II. *Der Dauerverband muss aus irgend einem Grunde vorzeitig entfernt werden.*

Je nach den Verhältnissen der freigelegten Wunde ist entweder die neue Anlegung eines Dauerverbandes oder der Uebergang zu einer anderen Wundbehandlung angezeigt.

1) Die Wundverhältnisse zeigen sich nach Entfernung des Verbandes durchaus oder relativ günstig. Vielleicht wird Nichts oder nur ein kleiner Abscess gefunden, dessen Spaltung und Drainage erforderlich ist; in anderen Fällen müssen spannende Nähte entfernt oder verlegte Sekretableitungen wieder gangbar gemacht werden. — Nach Revision der Wunde und Beseitigung der den Verlauf eventuell störenden Momente, wird abermals ein Dauerverband angelegt und dazu sind folgende Verbandstücke nothwendig: 2 Polster, gewöhnliche Watte zur Bedeckung der Ränder des grossen Polsters, Gaze- oder Cambricbinden zur Befestigung des Verbandes.

2) Der Dauerverband muss aufgegeben und eine andere Wundbehandlung gewählt werden, wenn sich nach Entfernung des Verbandes eine ernste Wunderkrankung zeigt. —

Bei phlegmonösen Entzündungen müssen zahlreiche Incisionen und Stichelungen vorgenommen, Abscesse gespalten, Nähte gelöst und Gummidrains eingelegt werden. — Von grösster Wichtigkeit ist ferner die gründliche Desinfection der inficirten Gewebe zunächst einmal mit 8 $^0/_0$ Chlorzinklösung und sodann in Pausen von 2—3 Stunden mit Bor - Salicyllösung. In der Zwischenzeit liegt eine mit Bor-Salicyllösung angefeuchtete Compresse auf der Wunde. — Zuweilen sind 2—3 Mal täglich wiederholte protahirte Theil- oder Vollbäder, in anderen Fällen wieder permanente Irrigation mit Bor-Salicyllösung oder 6—12 subcutane Injectionen von 3 $^0/_0$ Carbollösung in die Umgebung des erkrankten Bezirkes vortheilhaft. Letztere wenden wir besonders gerne bei Erysipelen (*Hueter* [1]) an und sehen dieselben dadurch oft verschwinden, zumal wenn das Erysipel noch im Beginn der Entstehung damit behandelt, die geröthete Haut mit Tinct. benzoës

---

[1] H. Hüter: Die Behandlung des Erysipels auf der chir. Klinik zu Greifswald. Berl. kl. Wochenschr. No. 21. 1878.

composita bestrichen und hernach mit Watte bedeckt wurde. — Ein näheres Eingehen auf die lokale und allgemeine Behandlung der accidentellen Wundkrankheiten würde mich zu weit führen, ich verweise daher hinsichtlich derselben auf die diesen Gegenstand betreffenden Lehrbücher.

Positionen für den Verbandwechsel. Für die schnelle Entfernung und Anlegung des Verbandes ist es wichtig, dass der Kranke eine Position erhalte, in welcher der zu verbindende Körpertheil allseitig frei zugänglich und der Arzt während des Verbandwechsels in keiner Weise behindert ist. — Die zu diesem Zweck bei uns gebräuchlichen Positionen gehen aus den folgenden Beschreibungen und Abbildungen hervor.

1) Position für Hals-, Oberarm-, Brust- und Rückenverbände. — Fig. 38. — Bei den letzteren wird das Keilkissen entfernt, die Bettdecke zurückgeschoben, über die Beine eine Schutzdecke gelegt und der Patient auf einen mit Krollhaaren gepolsterten Klotz gesetzt.

Fig. 38.

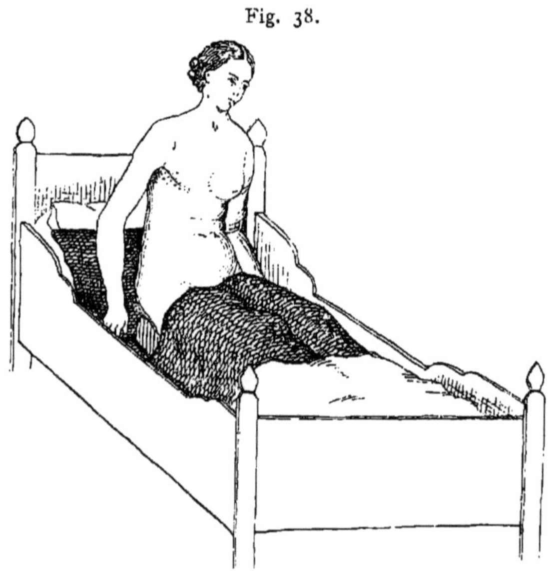

2) Bei Verbänden am Vorderarm, Ellenbogengelenk, Fuss und Unterschenkel wird, während der Patient sitzt oder liegt und das Bett durch eine Spraydecke geschützt ist, die

Extremität ober- und unterhalb der Wunde durch je zwei Hände gehalten.

3) Position für Verbände der Leisten-, Scrotal- und Dammgegend. Fig. 39.

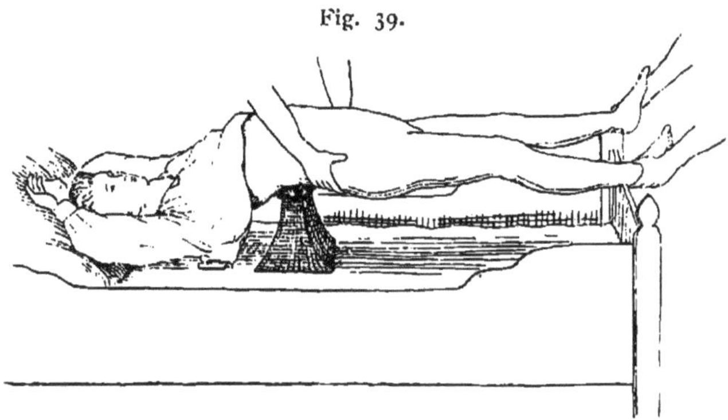

Fig. 39.

4) Position für Verbände am Unterleib. Fig. 40.

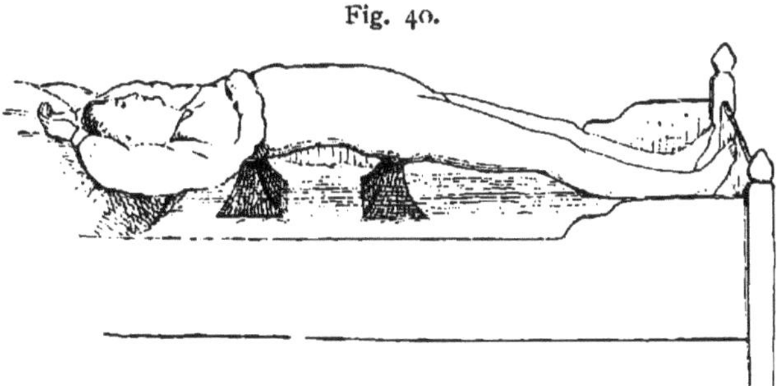

Fig. 40.

5) Position für Verbandwechsel nach Amput. fem. Fig. 41.

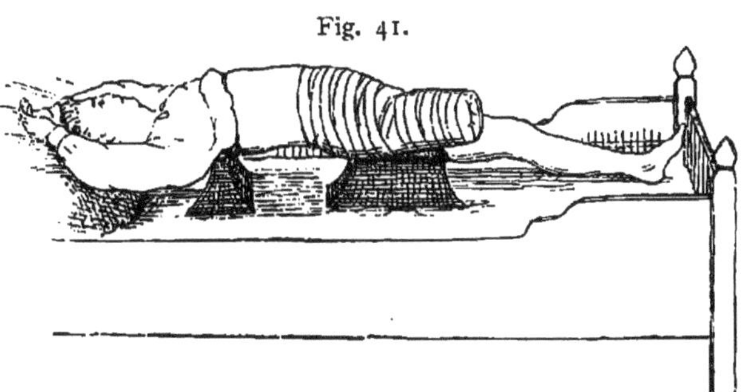

Fig. 41.

6) Position für den Verbandwechsel nach Resectio genu. Fig. 42.

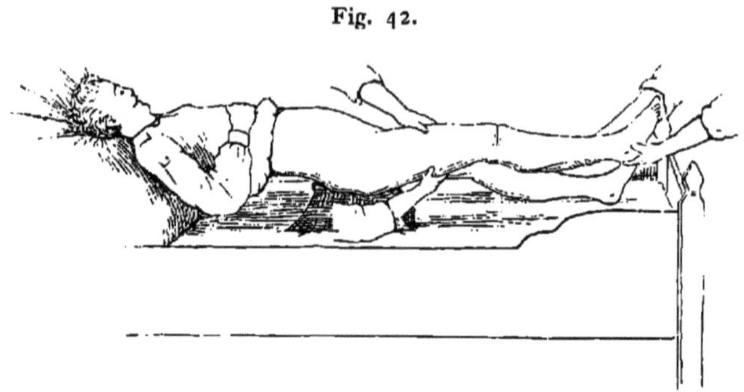

Fig. 42.

Selbstverständlich müssen alle am Verbandwechsel betheiligten Personen sich vorher sorgsam desinficiren. — Um eine Verunreinigung der Zimmerluft möglichst zu vermeiden, lassen wir übelriechende Verbände vor der Visite im Wasserbad abschwemmen.

Nach der Entfernung des Verbandes wird die Umgebung der Wunde mit Bor-Salicyllösung und angefeuchteten Wattebäuschen von Eiter und Wundsekret gereinigt, dabei aber jede unnöthig reizende und nachtheilig wirkende Ausspülung vermieden, sodann genau besichtigt und, je nach den Ergebnissen der Untersuchung, hinsichtlich der ferneren Behandlung Bestimmung getroffen.

V. Statistik.

Einige statistische Angaben, welche sich auf die mit den Dauerverbänden erzielten Resultate beziehen, sollen den Schluss dieser Abhandlung bilden.

Eine Gesammtstatitik sämmtlicher mit Dauerverbänden behandelten Wunden halte ich für überflüssig, weil ich glaube, dass für die Beurtheilung des praktischen Werthes unserer Methode die Zusammenstellung einiger typischen Operationsgruppen genügen muss. Ich habe daher aus der grossen Zahl aller Operationen zunächst drei Gruppen, nämlich die Exstirpationen der

Mamma, der Halstumoren und die Kniegelenksresectionen, welche seit Anfang Mai 1879 bis Ende October 1882 in unserer Klinik ausgeführt und späterhin behandelt wurden, herausgegriffen.

I. Mamaexstirpationen 8 Fälle und Exstirpationen der Mamma mit gleichzeitiger Ausräumung der Achselhöhle 47 Fälle, im Ganzen 55 Fälle. —

Operationsmethode.

1) Umschneidung eines im Allgemeinen ellipsoïden die Mamilla umgreifenden Hautstückes, dessen Achse vom Proc. xiphoïd. stern. bis gegen die Achselhöhle verläuft. Fig. 43.

Fig. 43.

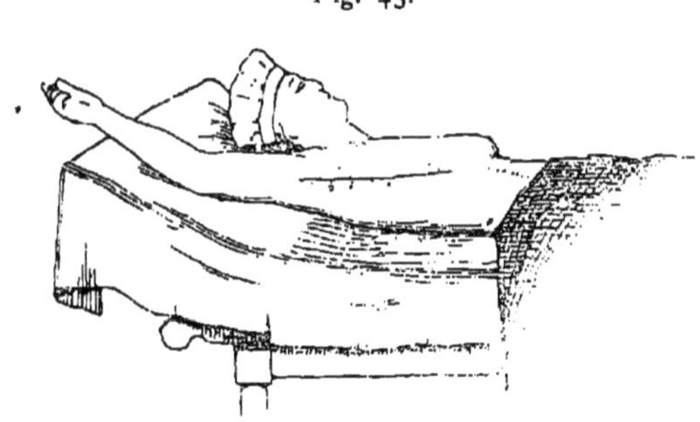

2) Totalexstirpation der Mamma unter Bildung eines oberen und unteren Hautlappens. Die Fascia pectoralis wurde stets; von den darunter liegenden Muskeln in vielen Fällen ein grösserer oder kleinerer Theil mit entfernt.

3) Freilegung der axillaren Gefässe und Nerven vom äusseren Rande des Latissimus dorsi bis zum äusseren Rande des Pectoralis minor, eventuell darüber hinaus. —

4) Doppelte Ligatur der Art. und Venae subscapular. sowie thorac.; hernach Durchschneidung der Gefässe.

5) Ausräumung des gesammten axillaren Fettgewebes sammt allen Drüsen.

6) Desinfection, Canalisation, Drainage,[1] fortlaufende Naht, Verband.

---

[1] Statt der Drainage neuerdings Muskelcanalisation.

Name und Journal-Nummer		Alter	Krankheit	Operation	I. Verband lag Tage
1879.					
Eggers.	166 ·	42	Carc. mam. sin.	Exstirp. mam. et gland. [1] axill.	15
Speck.	276	39	Mastitis chron.	Exstirp. mam. [1]	12
Gerrmann.	278	55	Fibrosarc. mam. sin. [2]	Exstirp. mam.	13
Stark.	319	45	Carcin. do.	do. do. et gland. axill. [2]	9
Bruhn.	325	62	do. do.	do. do. [3] wegen ausgedehnter Entfernung der mit der Geschwulst verwachsenen Haut, bleibt eine ca. 6 ctm. lange und 4 ctm. breite unbedeckte Wundfläche.	9
Dieckmann.	333	48	do. do. [3]	Exstirp. mam.	11
Carstens.	345	69	do. do.	do. do. et gland. axill. [4]	11
Wiedemann.	376	49	do. do.	do. do. [5]	15
Paulsen.	415	20	Sarcom. mam. dextr. [4]	Exstirp. mam.	13
Gaede.	417	55	Carcin. mam. sinist.	Exstirp. mam. et gland. [6] axill.	14
Sass.	432	34	Myxo-Sarcom. mam. dextr.	do. do. [7]	12
Heuck.	465	37	Carcin. mam. sin.	do. do. [8]	13
Matthiessen.	520	29	Cyst. Sarcom. mam. sin. [5]	Exstirp. mam.	10
Claussen.	618	60	Carc. mam. sin.	Exstirp. mam. et gland. [9] axill.	16
Bernhardt.	633	61	do. do. dextrae	do. do. [10]	15
Tamm.	686	33	Myx. Sarcom. mam. sin.	do. do. [11]	10

Wundverlauf		Ausgang		Behandlungsdauer vom Operations- bis zum Entlassungstage.	Bemerkungen.
		geheilt.	gest.		
—	Wundränder in geringer Ausdehnung auseinander gewichen.	geh.	—	32 Tage.	
normal	—	geh.	—	14 Tage.	
normal	—	geh.	—	14 Tage.	
normal	—	geh.	—	21 Tage.	
—	prima intentio nach Entfernung des I. Verbandes, soweit die Wunde von Haut bedeckt war. Die freie Wundfläche heilt langsam durch Granulationen. In der 2. Woche Eröffnung eines kleinen Abscesses unter dem oberen Hautlappen.	geh.	—	42 Tage.	
—	Bis zum 11. Tage fieberfrei, nach dem I. Verbandwechsel Eröffnung eines Abscesses unterm oberen Lappen.	geh.	—	25 Tage.	
—	Retention unter dem oberen Lappen, Incision.	geh.	—	40 Tage.	
normal	—	geh.	—	28 Tage.	
normal	—	geh.	—	14 Tage.	
normal	—	geh.	—	15 Tage.	Im December Recidiv, wird exstirpirt, Heilung unter einem Verband.
normal	—	geh.	—	13 Tage.	—
normal	—	geh.	—	15 Tage.	
normal	—	geh.	—	15 Tage.	
normal	—	geh.	—	17 Tage.	
normal	—	geh.	—	16 Tage.	
—	Retention einer bedeutenden Blutansammlung unter beiden Hautlapp., durch mehr. Incis. beseit. Herm. ohne Eiter. geh.	geh.	—	30 Tage.	

Name und Journal-Nummer		Alter	Krankheit	Operation	I. Verband lag Tage
1880.					
Johannsen.	96	40	Carc. mam. sin.	Exstirp. mam. et gland. [12] axill.	13
Lehmkuhl.	124	52	Carc. mam. sin.	do. do. [13]	16
Lorenzen.	136	42	Adenosarcoma mam. sin.	do. do. [14]	15
Christophersen.	185	57	Carc. mam. sin. (Recidiv nach einer früher auswärts ausgeführten Exstirpation eines kleinen Tumors.)	do. do. [15]	19
Richter.	187	61	Carc. mam. dextrae.	do. do. [16]	11
Jacobsen.	233	48	Carc. mam. sin.	do. do. [17]	11
Michelsen.	341	64	Carc. mam. dext.	do. do. [18] Die Wundfläche kann nicht ganz mit Haut bedeckt werden	14
Albers.	350	64	Sarc. mam. dextrae.	Exstirp. mam. et gland. [19] axill. Die Wundfläche kann nicht ganz mit Haut bedeckt werden	7
Kähler.	450	75	Carc. mam. sin.	do. do. [20]	9
Petersen.	524	48	Carc. mam. dext.	do. do. [21]	14
Wolf.	579	58	Carc. mam. dext.	do. do. [22] Die Wundfläche kann nicht ganz mit Haut bedeckt werden	14
Heeschen.	609	66	Carc. mam.	Exstirp. mam. et gland. [23] axill.	12
Wilkens.	631	50	Carc. mam. dext.	do. do. [24]	12
Rosenkranz.	672	62	Carc. mam. dext. (Recidiv n. einer früh. auswärts ausgef. Exstirp. ein. kl. Tum.)	do. do. [25]	13
Helms.	700	51	Adenosarcoma mam. sin.	do. do. [26]	15
Peters.	704	28	Carc. mam. recid. Nach ein. vor dem ausw. ausgef. partiellen Abtrag. der mam.	do. do. [27]	14
Paulsen.	796	62	Carc. mam. sin.	do. do. [28]	13

Wundverlauf	Ausgang		Behandlungsdauer vom Operations- bis zum Entlassungstage.	Bemerkungen.
		geheilt	gest.	
normal	—	geh.	—	17 Tage.	
normal	—	geh.	—	17 Tage.	
normal	—	geh.	—	18 Tage.	
normal	—	geh.	—	22 Tage.	
normal	—	geh.	—	14 Tage.	
normal	—	geh.	—	14 Tage.	
normal Unter dem I. Verbande prim. Heilung, soweit die Wunde von Haut bedeckt war.	—	geh.	—	37 Tage.	Die Heilung der granulir. Wundfläche durch Transplantation von 20 Hautstückchen beschleunigt.
do.	—	geh.	—	30 Tage.	Bei der Entlassung besteht noch ein. etwa markstückgross. granulir. Stelle, dort wo die Wundränder auseinander gewichen waren.
—	Die Brustw. prim. verheilt, in d. Achselhöhle ein klein. Absc.	geh.	—	28 Tage.	
normal	—	geh.	—	25 Tage.	
normal Unter dem I. Verbande prim. Heilung, soweit die Wunde von Haut bedeckt war.	—	geh.	—	31 Tage.	Die v. Haut nicht bedeckte Wundfläche, welche nach Entfernung des I. Verbandes gut granulirte, war z. Zt. der Entlassung bis auf ein. ca. zehnpfennigstückgrosse Fläche geheilt.
normal (Hautränd. unter gross. Spannung vereinigt, in der Mitte der Brustwunde am Tage des I. Verbandwechsels auseinander gewichen.)	—	geh.	—	16 Tage.	Mit markstückgross. granulirender Stelle entlass., bald geheilt; Mai 81 Exstirpation eines kleinen Recidives.
normal	—	geh.	—	17 Tage.	23. 5. 82. stellt s. m. unoperirb. Recidiv wieder vor.
normal	—	geh.	—	18 Tage.	
normal	—	geh.	—	18 Tage.	
normal	—	geh.	—	16 Tage.	
normal	—	geh.	—	17 Tage.	

7*

Name und Journal-Nummer	Alter	Krankheit	Operation	Tage, die der I. Verband lag
1881.				
Wagener. 96	48	Carc. mam. sin.	Exstirp. mam. et gland. axill. [29]	4
Fischer. 132	70	do. do.	do. do. [30]	7
Kuchel. 192	54	Carc. mam. dextrae.	do. do. [31]	13
Schwank. 257	41	Carcin. recid. mammae dextrae. (Nach einer früher answärts ausgeführten Exstirpation eines kleinen Knotens.)	do. do. [32]	14
Piepgrass. 336	60	Carc. mam. sin.	do. do. [33]	16
Stühmer. 438	47	Carc. mam. dextrae.	do. do. [34]	15
Sager. 624	41	Carc. mam. sin.	do. do. [35]	5
Dunker. 785	48	Carc. mam. dextrae.	do. do. [36]	17
Wehling. 865	50	Carc. mam. sin.	do. do. [37]	11
Christensen. 831	49	Sarcoma mammae sin.	Exstirp. mammae.	14

Wundverlauf		Ausgang		Behandlungsdauer vom Operations- bis zum Entlassungstage.	Bemerkungen.
		geheilt	gest.		
—	Nach der ausserordentlich ausgedehnten Operation Abscessbildungen unter Scapula und in der Achselhöhle. Die Heilung wurde durch phlegmonöse Entzündung des axill. Zellgeweb. u. ein Erysipel. üb. vordere Bauchw. u. Obersch. ausserordentlich verzögert.	geh.	—	53 Tage.	Häufiger Verbandwechsel.
—	Phlegmone des oberen Hautlappens, Heilung unter geringer Eiterung.	geh.	—	32 Tage.	
normal	—	geh.	—	14 Tage.	
normal	—	geh.	—	20 Tage.	
normal	—	geh.	—	20 Tage.	
normal	—	geh.	—	16 Tage.	
—	Phlegmone des axillaren Zellgewebes, Randgangrän des oberen Wundlappens, unter lebhafter Eiterung geheilt.	geh.	—	21 Tage.	Wurde nachher noch mehrere Wochen ambulant behandelt, schliesslich vollkommen geheilt.
normal	—	geh.	—	18 Tage.	
—	Phlegmonöse Entzündung in ganzer Ausdehnung der Wunde, späterhin rasche Heilung unter geringer Eiterung.	geh.	—	40 Tage.	Entlassen mit mehreren kleinen oberflächlich granulirenden Stellen.
normal	—	geh.	—	19 Tage.	

Name und Journal-Nummer	Alter	Krankheit	Operation	I. Verband lag Tage
1882.				
Kahlke. 165	65	Sarc. mam. sin.	[7] Exstirp. mam.	13
Struwe. 172	42	do. do.	[8] do. do.	12
Meyer. 226	67	Carc. mam. sin.	Exstirp. mam. et gland. [38] axill.	14
Behrensen. 339	59	Carc. mam. dextrae	do. do. [39]	15
Peters. 348	45	Carc. mam. sin.	do. do. [40]	14
Claussen. 405	62	Carc. mam. dextrae	do. do. [41] Wegen ausgedehnter Erkraukung der mit der Geschwulst verwachsenen Haut muss letztere in so grosser Ausdehnung entfernt werden, dass die Bedeckung der Wundfläche nur unvollkommen gelingt.	14
Eyrich. 469	46	Carc. mam. sin.	Exstirp. mam. et gland. [42] axill.	13
Stebner. 504	48	Carc. mam. dextrae	do. do. [43]	14
Aljes. 509	65	Carc. mam. sin.	do. do. [44]	14
Westphalen. 510	38	Recidiv. Sarc. mammae sin.	Exstirp. mam. et gland. [45] axill. Resect. d. clavicula. — Exstirp. der supraclavicularen Drüsen. — Exstirp. eines mit d. Tum. fest verwachsen. 10 ctm. lang. Stückes d. vena subclavia u. axillaris.	14
Ehmke. 541	7	Cyst. Sarc. mam. dextrae	Exstirp. mam. et gland. [46] axill.	14
Berlin.	42	Carc. mam. dextrae	do. do. [47]	16

Wundverlauf		Ausgang		Behandlungsdauer vom Operations- bis zum Entlassungstage.	Bemerkungen.
		geheilt	gest.		
normal	—	geh.	—	14 Tage.	
normal	—	geh.	—	14 Tage.	Sägespähneverband.
—	Abscess in der Achselhöhle, Wundränder daselbst wenig auseinander gewichen, am oberen Wundrand circumscripte Gangrän.	geh.	—	30 Tage.	Die granulirenden Stellen noch längere Zeit nachher ambulant behandelt.
normal	—	geh.	—	25 Tage.	
normal	—	geh.	—	17 Tage.	
normal Prima intentio, soweit die Wunde von Haut bedeckt war, die unbedeckte Wundfläche gut granulirend, heilt langsam nach der Transplantation etlicher Hautstückchen.	—	geh.	—	22 Tage.	Mit kleiner oberflächlich granulirend. Wundfläche entlassen. Cfr. No. 618 pro 1879.
—	Kleiner Abscess in der Achselhöhle, circumscripte Randgangrän des oberen Lappens, im Uebrigen primäre Heilung.	geh.	—	19 Tage.	Zur Zeit der Entlassung nahezu vollkommene Heilung.
—	Kleiner Abscess in der Achselhöhle.	geh.	—	29 Tage.	
normal (Die Wundränder in der Mitte der Brustwunde wenig auseinander gewichen, zwischen denselben liegt ein unzersetztes Coagulum.)	—	geh.	—	22 Tage.	
normal	—	geh.	—	29 Tage.	An Stelle eines nicht geschlossenen Wundwinkels und mehrerer Drainausgänge bestehen z. Z. der Entlassung noch Granulationen.
—	Abscess in der Achselhöhle, Wundränder in der Länge von 6 ctm. auseinander gewichen, im Uebrigen primäre Heilung.	geh.	—	40 Tage.	Mit markstückgrosser granulirender Stelle entlassen.
normal	—	geh.	—	18 Tage.	

Statistik der Mammageschwülste.

	Krankheit.	Operation.	Anzahl der Fälle.	Davon geheilt.	gestorben.	I. Verband lag durchschnittlich Tage?	Durchschnittliche Behandlungsdauer vom Operations- bis zum Entlassungstage. Tage.	Wundverlauf normal.	Phlegmonen und Abscessbildungen.	Randgangrän.	auseinander gewichene Hautränder.	Durchschnittliche Behandlungsdauer bei normalem Wundverlauf.	bei Wundverlauf mit Phlegmon.etc.	Gesammtbehandlungsdauer.	Bemerkungen.
1	Carcinoma mammae.	Exstirp. mam.	2	2	—	12	19,5	1	1	—	—	14	20	39	Der erste Verband lag in 39 Fällen bis zur vollendeten oder nahezu vollendeten Heilung.
2	do.	Exstirp. mam. et gland. axill.	40	40	—	12,8	23,3	28	8	3	1	20	33	930	In 16 Fällen Verbandwechsel und zwar waren die Ursachen: 11 Mal Phlegmonen u. Abscesse, 3 „ Randgangrän und 2 „ Schmerzen in der Wunde.
3	Sarc. mamm.	Exstirp. mam.	5	5	—	12,4	15,2	5	—	—	—	15,2	—	76	
4	do.	Exstirp. mam. et gland. axill.	7	7	—	12,4	25,4	4	2	—	1	19,5	33,3	178	Geheilt entlassen 45. Mit granulirenden Wunden entlassen 10.
5	Mastitis chron.	Exstirp. mam.	1	1	—	12	14	1	—	—	—	14	—	14	Zus. 55.
			55	55	—	—	—	39	11	3	2	—	—	1237 oder durchschnittlich 22,5 Tage.	

Bezüglich des voraufgehenden und der folgenden statistischen Berichte muss ich bemerken, dass zwar alle angeführten Fälle mit Dauerverbänden, dennoch aber, je nach dem Stand der sich allmählig entwickelnden Methode, auf verschiedene Weise behandelt worden sind. 1879 benutzten wir noch Lister-sche Gaze, ferner resorbirbare Drains und Carbollösungen; 1880 ca. bis Herbst 1881 Carbol- und Jodoformjutepolster, resorbirbare Drains, Canalisation, Carbolsäurelösungen; 1881 bis auf Weiteres Torfpräparate, resorbirbare Drains, Canalisation, Sublimat- und Bor-Salicyllösungen.

Es sind also nur die seit Herbst 81 ausgeführten Operationen nach den in dieser Abhandlung gegebenen detaillirten Vorschriften behandelt worden — und auch das ist eigentlich zu viel behauptet, denn schwarzer Torf und gemischter Torf werden erst seit 5 Monaten, und die Muskelcanalisation seit 3 Monaten angewandt.

Das allen in unserer Statistik enthaltenen Fällen Gemeinsame ist die Verwendung lang liegender Verbände; dagegen bestanden zu verschiedenen Zeiten hinsichtlich der Technik sowohl als auch in Bezug auf das benutzte Material gewisse — für das hier vertretene Princip übrigens unwesentliche — Differenzen.

II. Exstirpationen von Halsgeschwülsten. 41 Fälle.

Operationsmethode.

1) Hautschnitt meist parallel dem vorderen Rande des musc. sterno-cleido-mastoïdeus, in einer je nach Ausdehnung und Lage der Geschwülste verschiedenen Länge — oft vom Processus mastoïdeus bis zur Clavicula reichend. In vielen Fällen gelang die radikale Entfernung der Geschwülste erst nach Anlegung eines zweiten Schnittes am hinteren Rande des Sterno-cl.-mast.

2) Sorgsame Ausräumung aller Geschwülste stets unter geringerer oder grösserer Freilegung der Vena jugularis, oft auch der Carotis communis. — Zuweilen konnten Verletzungen der Jugularis nicht vermieden werden, welche entweder wandständige Ligaturen oder die Unterbindung des Gefässes nothwendig machten.

3) 2—3 Incisionen am hinteren Rande des musc. sterno-cleido-mastoïdeus zur Durchführung resorbirbarer Drains.[1] Desinfection der Wunde, fortlaufende Naht, Verband.

---

[1] Statt derselben neuerdings auch hier Muskelcanalisation.

Name und Journal-Nummer		Alter	Krankheit	Operation	I. Verband lag Tage
1879					
Voss.	121	13	Lymph. colli.	Exstirpatio tumorum.	14
Meyer.	141	20	do.	do.	4
Rann.	191	16	do.	do.	12
Jahns.	224	19	do.	do.	7
Petersen.	240	16	do.	do.	14
Sönksen.	255	20	do.	do.	14
Scharp.	257	49	do.	do.	12
Benn.	283	19	do.	do.	12
Blöcker.	297	37	do.	do.	15
Suhren.	363	17	do.	do.	14
Straenge.	389	58	Lympho-sarc. colli.	do.	14
Hollinger.	420	23	Lymph. colli.	do.	9
Wien.	446	58	do.	Exstirpation der Tumoren und Abtragung der weithin unterminirten Hautränder, Wunde kann durch die Naht nicht vollständig geschlossen werden.	8
Heuer.	475	23	do.	Exstirpatio tumorum.	14
Arp.	491	52	do.	do.	8
Scharffenberg.	607	41	do.	do.	14
1880					
Junge.	166	20	do.	do.	11
Christensen.	203	16	do.	do.	2
Wiese.	211	22	do.	do.	10

Wundverlauf		Ausgang		Behandlungsdauer vom Operations- bis zum Entlassungstage.	Bemerkungen.
		geheilt	gest.		
normal Wundränder in geringer Ausdehnung etwas klaffend.	—	geh.	—	17 Tage.	
—	Verbandwechsel wegen stark blutiger Durchtränkung des Verbandes, Wunde unterm 2. Verbande, welcher 11 Tage lag, nahezu geheilt.	geh.	—	27 Tage.	
normal	—	geh.	—	14 Tage.	
normal	—	geh.	—	30 Tage.	Pat. blieb hernach noch 6 Wochen zur Heb. seines Allgemeinbefind. in ambulanter Behandlung.
normal	—	geh.	—	15 Tage.	
normal	—	geh.	—	17 Tage.	
normal	—	geh.	—	13 Tage.	
normal	—	geh.	—	14 Tage.	
normal	—	geh.	—	19 Tage.	
normal	—	geh.	—	16 Tage.	
normal	—	geh.	—	14 Tage.	
normal	—	geh.	—	11 Tage.	
geheilt bis auf d. von Haut nicht bedeckten Theile.	—	geh.	—	33 Tage vollkommen geheilt.	
normal	—	geh.	—	42 Tage.	Nach Heil. d. Operationswunde behufs Behandl. multipler Lymphome and. Körpergegend. noch läng. Zeit in d. Klinik verblieb.
normal	—	geh.	—	10 Tage.	
normal	—	geh.	—	15 Tage.	
normal	—	geh.	—	16 Tage.	
—	In unmittelb. Anschl. an die Oper. hohe Temp. bei schlecht. Befind., dah. Verbandw. schon am 2. T.; Wunde durchaus norm., Temp. durch eine heft. angina tonsill. bedingt. Spät. klaff. die Wundr. auseinand.; allmähl. Heil. unter Eiterung.	geh.	—	55 Tage.	
normal	—	geh.	—	16 Tage.	

Name und Journal-Nummer		Alter	Krankheit	Operation	I. Verband lag Tage
1880.					
Tramm.	212	40	Lymph. sarc. colli	**Extirp. tum.** Apoplexie unter der Chloroformnarkose. Erwacht aus derselben mit halbseitiger Lähmung.	8
Paulsen.	299	20	Lymphomata colli	Exstirp. tumorum	9
Arp.	597	18	do.	do.	14
1881.					
Junge.	56	17	do.	do.	12
Paulsen.	199	20	do.	do.	14
Brandt.	250	13	do.	do.	10
Christensen.	261	27	do.	do.	8
Sievers.	315	29	do.	do.	14
Trautmann.	412	26	do.	do.	11
Borstelmann	692	16	do.	do.	14
Brammer.	746	12	do.	do.	15
Massmann.	753	25	Lipoma colli	do.	12
Schlüter.	763	42	Lymphomata colli	do.	17
1882.					
Arp.	152	20	do.	do.	11
Schnoor.	207	9	do.	do.	21
Jürgens.	217	12			
Hundt.	234	15	do.	do.	10
Elvers.	325	35	do.	do.	12
Bierschwall.	324				
Asmuss.	331	63	do.	do.	15
Jänicke.	333	15	do.	do.	14
Schulz.	338	20			
Untiedt.	359	35	do.	do.	10
Butenschön.	145	19	do.	do.	14
Claussen.	533	22	do.	do.	14

Wundverlauf	Ausgang		Behandlungsdauer vom Operations- bis zum Entlassungstage.	Bemerkungen.
	geheilt	gest.		
normal —	Wund. geh.	Pat. in Folge der Apoplex. gest.	8 Tage.	Wird am 8. Tage der med. Klinik überwiesen, stirbt daselbst 8 Tage später an einer Schluckpneumonie. Inzwischen war die Operationswunde bis auf die granulirenden Drainausgänge primär geheilt.
normal —	geh.	—	15 Tage.	Wundränder im unteren Wundwinkel klaffend. —
normal —	geh.	—	15 Tage.	
normal —	geh.	—	14 Tage.	
normal —	geh.	—	21 Tage.	
Unbedeutende Eiterung aus der theilweise wenig klaffenden Wunde.	geh.	—	18 Tage.	Spät. noch einige Wochen bis zur vollkommenen Uebernarbung der granulirenden Stellen ambulant behandelt.
normal —	geh.	—	20 Tage.	
normal —	geh.	—	19 Tage.	
normal —	geh.	—	12 Tage.	
normal —	geh.	—	16 Tage.	
normal —	geh.	—	18 Tage.	
normal —	geh.	—	14 Tage.	
normal —	geh.	—	18 Tage.	
normal —	geh.	—	12 Tage.	
normal —	geh.	—	21 Tage.	
normal —	geh.	—	14 Tage.	
normal —	geh.	—	16 Tage.	
normal —	geh.	—	22 Tage.	
normal —	geh.	—	14 Tage.	
normal —	geh.	—	16 Tage.	
normal —	geh.	—	16 Tage.	Ein 3 Monate später auftretendes Recidiv abermals durch Exstirp. geb.
normal —	geh.	—	16 Tage.	

Statistik der Geschwulstexstirpationen am Hals.

Laufende No.	Krankheit	Operation	Anzahl der Fälle	Davon geheilt	Davon gest.	I. Verband lag durchschnittlich Tage?	Durchschnittliche Behandlungsdauer vom Operations- bis zum Entlassungstage.	Wundverlauf normal.	Wundverlauf mit Eiterung.	Gesammtbehandlungsdauer. Tage.	Bemerkungen.
1	Lymph. colli.	Exstirpatio tumorum. 38	38	---		12,6	18,0	35	3	688	
2	Lymph. sarc. colli.	do.	2	1	1	11	11	2	—	22	
3	Lipoma colli.	do.	1	1	—	12	14	1	—	14	
		Zusammen	41	40	1 in Folge einer Apoplexie, Wund. z. Zeit des Todes geh.	—	—	38	3	724 oder durchschnittlich 17,7 Tage.	

III. Resectionen des Kniegelenkes. 49 Fälle.

Operationsmethode.

1) Bogenschnitt an der vorderen Gelenkseite — vom Condylus externus, vorbei am unteren Rande der patella, zum Condylus internus femoris; Bildung eines grossen vorderen Hautlappens.

2) Exstirpation der Patella sowie der oberen Theile der Gelenkkapsel incl. der bursa extensor. — Die gründliche Entfernung der letzteren gelang oft erst nach einer Längsincision an der Vorderfläche des Oberschenkels durch den zurückgeschlagenen vorderen Hautlappen, eventuell darüber hinaus nach oben.

3) Flexion des Gelenkes, Durchtrennung der Lgt. lateralia und cruciata, Abtragung der Gelenkflächen in einer den pathologischen Processen entsprechenden Ausdehnung.

4) Sorgsame Exstirpation der gesammten Kapsel.

5) 2—3 Hautlöcher durch den vorderen Lappen, 2 Hautlöcher resp. resorbirbare Drains 2 ctm. unterhalb jedes seitlichen Wundwinkels zur Ableitung der Sekrete aus den tiefsten, hinter den Knochenenden liegenden Wundbezirken.

6) Genaue Gegenüberstellung der Knochenenden (also keine Knochennaht), Desinfection, fortlaufende Catgutnaht, Verband.

Bei den keilförmigen Resectionen des Kniegelenkes wegen spitzwinkliger Ankylose wurde die Operation in ähnlicher Weise ausgeführt, die Knochen natürlich nicht in senkrechter, sondern in schräg convergirender Richtung durchgesägt. — Eine Exstirpation der meist obliterirten und narbig geschrumpften Kapsel war entweder gar nicht oder doch nur in geringer Ausdehnung nothwendig.

Name und Journal-Nummer	Alter	Krankheit	Operation	I. Verband lag Tage
1879.				
Bruhns.	156	10	Chron. fungöse Kniegelenksentzündung.	Totale Kniegelenks-resection.	14
Petersen.	271	8	Spitzwinklige Ankylose des Kniegelenks nach abgelaufener Gonitis.	Keilförmige Resection des Kniegelenkes.	32
Boyens.	277	10	Chron. fungöse Kniegelenksentzündung.	Totale Kniegelenks-resection.	25
Nielsen.	338	8	do.	do.	12
Hagemeister.	496	24	do.	do.	30
Grimm.	509	19	Spitzwinkl. Ankylose des Kniegelenks nach abgelaufener Gonitis fungosa.	Keilförmige Resection des Kniegelenkes.	29
Dreelsen.	606	40	Spitzwinklige Ankylose nach abgelaufener traumatischer Kniegelenksentzündung.	Totale Kniegelenks-resection.	29
Höppner.	643	10	Spitzwinkl. Ankylose nach abgelaufener fungöser Kniegelenksentzündung.	Keilförmige Resection des Kniegelenkes.	27
1880.				
Hostrup.	1	3	Chron. fungöse Kniegelenksentzündung.	Totale Kniegelenks-resection.	28
Lassen.	10	14	do.	do.	2
Möller.	26	19	do.	do.	30
Schwarten.	80	25	do.	do.	34

Wundverlauf		Ausgang		Behandlungsdauer vom Operations- bis zum Entlassungstage.	Bemerkungen.
		geheilt	gest.		
—	Phlegmonöse Entzündung in der Umgebung der Wunde. Wiederholte Incisionen und späterhin Ausschabung fungöser Recidive. Da trotzdem die Heilung nicht erfolgt, wird 7 Monate nach der Resection die Amp. fem. gemacht. Heilung der Amputationswunde unter 1 Verbande.	geh. nach secundärer Amp. fem.	—	8 Monate.	
normal (Wunde vollkommen geheilt, Knochen noch nicht consolid.)	—	geh. o. Fist.	—	62 Tage.	Nach Entfernung des I. Verbandes mit Gypsverbänden behandelt.
—	Abscesse an der rechten Seite des Kniegelenkes.	geh. m. Fist.	—	61 Tage.	
—	Eiterung in der Umgebung der Wunde, mehrfache Incisionen, wiederholte Ausschabung fungöser Recidive.	geh. m. Fist.	—	158 Tage.	
normal	—	geh. o. Fist.	—	49 Tage.	
normal	—	geh. o. Fist.	—	45 Tage.	
normal	—	geh. o. Fist.	—	53 Tage.	
normal	—	geh. o. Fist.	—	39 Tage.	
normal	—	geh. o. Fist.	—	360 Tage.	Die Wunde Anfangs prim. verheilt, hern. wucherten schwammige Granulationen, vom Knochen ausgehend, gegen die Oberfläche. Nach wiederholten Ausschabungen absolute Heilung.
—	Eiterung in der Umgebung der Wunde, mehrfache Incisionen, wiederholte Ausschabung fungöser Recidive.	geh. m. Fist.	—	270 Tage.	
normal	—	geh. o. Fist.	—	92 Tage.	
normal	—	geh. o. Fist.	—	58 Tage.	

Name und Journal-Nummer		Alter	Krankheit	Operation	I. Verband lag Tage
1880.					
Hellwege.	221	28	Chron. fungöse Knie-gelenksentzündung.	Totale Kniegelenks-resection.	30
Stender.	258	13	Spitzwinkl. Kniegelenks-ankylose nach abge-laufener Gonitis.	Keilförmige Resection des Kniegelenkes.	28
Bredtfeldt.	266	17	Chron. fungöse Knie-gelenksentzündung.	Totale Kniegelenks-resection.	31
Wegner.	448	7	do.	do.	10
Stoltenberg.	456	22	do.	do.	11
Vollmer.	551	21	do.	do.	7
Driller.	566	20	do.	do.	3
1881.					
Lorenz.	1	11	do.	do.	27
Baethge.	7	40	do.	do.	13
Lilienthal.	618	14	do.	do.	30
Grosspitz.	10	7	do.	do.	30 cr.
Gröning.	14	7	do.	do.	39
Soe.	760. 38	30	do.	do.	36
Lensch.	103	14	do.	do.	44
Kasch.	151	8	do.	do.	40
Andersen.	153	19	do.	do.	40
Arpe.	214	18	do.	Partielle Kniegelenks-resection.	31

Wundverlauf		Ausgang		Behandlungsdauer vom Operations- bis zum Entlassungstage.	Bemerkungen.
		geheilt	gest.		
normal	—	geh. o. Fist.	—	42 Tage.	
normal	—	do.	—	30 Tage.	
normal	—	do.	—	43 Tage.	
—	Eiter. in d. Umgeb. d. Wunde; Incision., späterh. wiederh. Ausschab. fungöser Recidive.	geh. m. Fist.	—	105 Tage.	
normal	—	geh. o. Fist.	—	46 Tage.	1.Verband weg. heftiger Schmerz. entf., für welche kein Grund zu find. war; Wund. sehr gut, heilt unt. zwei Verbänden.
—	Part. Gangr. d. ober. Lappens, in d. Umgeb. leichte Eiter. — Nach zweimal.Verbandw.geh.	geh. m. klein. oberfl. granul. Stelle.	—	105 Tage.	
—	I. Verbandw. wegen heftiger Schmerz., f. d. ein nachweisb. Grund im Wundbez. nicht zu finden war.	geh. m. Fist.	—	95 Tage.	Späterhin wiederh. Ausschabung fung. Recidive.
—	Eiter. in d. Umgeb. d. Wunde, Incisionen, späterh. wiederh. Ausschab. fungöser Recidive.	geh. bis a ein. oberfl. markstückgr. Stelle.	—	129 Tage.	Bald nach der Entlassung vollkommen geheilt.
—	Eiterung in Umgeb.d.Wunde; da trotz wiederh. Revis. Heil. nicht erfolgt, wird er 3 Mon. nach d.Res.d.Obersch. amput.	geh. nach sec. Amput. fem.	—	243 Tage.	
—	—	geh. m. Fist.	—	230 Tage.	Wund.in grösst.Ausdehn. prim.geh.: spät.stellt.sich fung.Recidive ein, welche wiederh. Aussch. nothw. macht. — Gleichz. Nekrotomie weg. Nekros. tibiae.
normal	—	do.	—	150 Tage.	Nach Entf. des I. Verb. best. je eine Fist. d.Innen- u.Aussenseit., welch.trotz wiederh.Ausschab.z.Zt.d. Entl. noch nicht geh. war.
normal	—	geh. o. Fist.	—	106 Tage.	
normal	—	do.	—	200 Tage.	
normal	—	geh. m. Fist.	—	134 Tage.	
normal	—	geh. o. Fist.	—	50 Tage.	Cfr. No. 438. — 1882.
normal	—	do.	—	45 Tage.	Nach 1 Jahr Fall auf das resec.Gel., im Anschl. dar. aberm. fung.Entz., welch. Sommer 82 die Amp.fem. nothwend. machte. Heilte unter einem Verband.
normal	—	do.	—	57 Tage.	

8*

Name und Journal-Nummer	Alter	Krankheit	Operation	I. Verband lag Tage
1881.				
Hahn.	280	7	Chron. fungöse Kniegelenksentzündung.	Totale Kniegelenksresection.	35
Bahr.	392	6	do.	do.	40
Goos.	436	7	do.	do.	40
Petersen.	455	39	do.	Partielle Kniegelenksresection.	27
Peters.	490	19	do.	do.	21
Kühl.	527	8	do.	Totale Kniegelenksresection.	41
Gaden.	528	19	do.	do.	44
Jaaks.	578	17	do.	do.	44
Kördel.	725	17	Chron. fungöse Kniegelenksentzündung bei einem Haemophilen.	do.	1
1882.				
Nagel.	3	13	Chron. fungöse Kniegelenksentzündung.	do.	4
Utermann.	51	22	do.	do.	10
Hintze.	76	11	do.	do.	46
Sörensen.	134	10	do.	do.	44
Schwarzlos.	199	10	do.	do.	41
Arpe.	247	20	do.	do.	14
Fick.	409	9	Spitzwinkl. Ankylose nach abgel. Gonitis.	Keilförmige Resection des Kniegelenkes.	42
Kasch.	438	9	Recidivirende Caries des Kniegelenkes nach früher ausgef. Resectio genu. Cfr. No. 151. — 1881.	Die cariösen Enden der tibia und des femur werden nochmals resecirt.	41
Schmidt.	185	12	Chr. fung. Kniegelenksentzündung.	Totale Kniegelenksresection.	14
Hansen.	436	10	do.	do.	40
Ebeling.	517	5	do.	do.	30

Wundverlauf		Ausgang		Behandlungsdauer vom Operations- bis zum Entlassungstage.	Bemerkungen.
		geheilt	gest.		
normal		geh. o. Fist.	—	41 Tage.	
normal		do.	—	45 Tage.	
normal	—	do.	—	70 Tage.	
normal	—	do.	—	33 Tage.	
normal	—	do.	—	60 Tage.	
normal	—	do.	—	58 Tage.	
normal		do.	—	52 Tage.	
normal	—	do.	—	47 Tage.	
—	Verbandwechsel wegen starker parenchymatöser Blutung. Beginn. Gangrän d. Extr. Amp. fem. Wiederholte Blutung. — 4 Tage nach der Resection und 2 Tage nach der Amputation gestorben.		gest. nach der Amp. fem.	4 Tage.	Es handelte sich zweifellos um einen Haemophilen; das Gelenk war zur Zeit der Operation mit Blut erfüllt.
	Verbandwechsel wegen hoher Temperatur, schlechten Befindens, Eiterung etc.	geh. m. Fist.	—	265 Tage.	
—	Gewechselt wegen eines sich rasch über den ganzen Körper ausbreitenden Naphtalineczems. In Folge desselben kleiner Abscess an der äusseren Seite des Gelenkes.	geh. o. Fist.	—	84 Tage.	
normal	—	do.	—	57 Tage.	
normal	—	do.	—	45 Tage.	
normal	—	do.	—	56 Tage.	
—	Abscess unter dem oberen Lappen; im übrigen primäre Heilung.	do.	—	50 Tage.	
normal	-	geh. o. Fist.	—	44 Tage.	
normal	—	geh. o. Fist.	—	42 Tage.	
—	Eiterung in der Umgebung der Wunde, späterhin wiederholte Ausschabung fungöser Recidive.		—	in Behandl.	
—	—	geh. o. Fist.		71 Tage.	
normal	—	geh. o. Fist.		52 Tage.	

Statistik der Kniegelenks-Resectionen.

Laufende No.	Krankheit	Operation	Anzahl der Fälle	Davon geheilt ohne Fistel	Davon geheilt mit Fistel	nach secund. Amp. fem.	noch in Behandlung	gestorb.	I. Verband lag durchschnittlich Tage	Durchschnittliche Behandlungsdauer vom Operations- bis zum Entlassungstage.	Wundverlauf normal	Wundverlauf mit Randgangrän	Wundverlauf mit Eiterung, Abscessbild., phlegmonöser Entzündung.	Gesammt-Behandlungsdauer. Tage.	Bemerkungen.
1	Chron. fung. Kniegelenksentzündung.	Totale Kniegelenksresection.	39	26	9	2	1	1	27	106	23	1	13	4010	In 24 Fällen lag der I. Verband bis zur vollendet. oder nahezu vollendeten Heil. Verbandwechsel: 12 mal wegen Abscessbildung etc. 1 mal weg. parench. Blutung bei einem Haemophilen. 1 mal wegen Randgangrän. 1 mal wegen heftiger Schmerzen.
2	Desgleichen.	Partielle Kniegelenksresection.	3	3	—	—	—	—	17	50	3	—	—	150	Heilung unter einem Verbande.
3	Spitzwinklige Ankylose nach abgelaufener Gonitis.	Keilförmige Kniegelenksresection.	6	6	—	—	—	—	31.5	45	6	—	—	278	Desgleichen.
4	Recidiv. Caries nach früher ausgeführter resectio genu.	Nochmalige Resection der tibia und des femur.	1	1	—	—	—	—	41	42	1	—	—	42	Desgleichen.
		Zusammen	49	36	9	2	1	1	—	—	35	1	13	4480 oder durchschnittl. ca. 90 T.	

Eine Zusammenstellung aller übrigen mit Dauerverbänden behandelten Wunden nach Operationen und Verletzungen würde ähnliche Gesammtresultate ergeben, wie die von mir herausgegriffenen drei Gruppen. — Am günstigsten waren die Erfolge nach frischen Verletzungen und Geschwulstexstirpationen und von letzteren wieder jene der Halstumoren am besten, dagegen die der Mammaexstirpationen am wenigsten günstig, aus dem Grunde wählte ich für meine Statistik gerade diese beiden hinsichtlich ihres Wundverlaufes extremen Gruppen. —

Unter den Resectionen boten Knie-, Ellbogen-, Hand-, Schulter- und Fussgelenksresectionen annähernd gleiche Chancen des Verlaufes. Viel schlechter stand es mit den Hüftresectionen, welche übrigens nur selten mit Dauerverbänden behandelt worden sind. — Der unmittelbar an die Resectio coxae sich anschliessende Wundverlauf war meist günstig, aber die ferneren Ausgänge liessen viel zu wünschen übrig. — Ein Viertel- bis Dreivierteljahr oder noch später nach der Operation starben viele Kranke, welche meist mit Fistel entlassen waren, an amyloïder Degeneration der Unterleibsorgane oder an allgemeiner Tuberculose, so dass wir hier leider einer Mortalität von cr. 60 $\%$ gegenüber stehen. — Dieses ungünstige Verhältniss mag zum grossen Theil dadurch bedingt sein, dass wir die Frühresectionen — deren Berechtigung für alle anderen Gelenke von uns gewiss anerkannt wird — bei Hüftgelenksentzündung vermeiden, aus Gründen, deren Erörterung ich mir vorbehalte. — Wir reseciren nur in solchen Fällen, wo Lungen und Nieren noch gesund sind, das Hüftleiden aber trotz lange fortgesetzter conservativer Behandlung sich entweder nicht bessert oder gar Verschlimmerung eintritt. Da wir durch passende Allgemeinbehandlung, Streckverband, Ruhe und Eis meist innerhalb Jahresfrist zum Ziele kommen und eine Ausheilung in Ankylose und guter Stellung erreichen — liegt für die Resectio coxae selten eine Indication vor. Wir führen diese Operation nur 4—5 Mal im Jahre aus, alsdann aber stets bei sehr schlimmen, meist mit Abscessen und Fisteln complicirten Fällen. — Dies zur Erklärung unserer schlechten Resultate nach Resectio coxae.

Nicht allzu günstig waren ferner die Resultate nach den grösseren Amputationen, dieselben sollen demnächst in einer

Dissertation zusammengestellt werden, indem ich auf dieselbe verweise, beschränke ich mich auf einen Bericht der Gesammtresultate aller vom 1. V. 79 bis zum 31. X. 82 ausgeführten grösseren Amputationen und Exarticulationen.

Zahl der Amputationen   94
„   „   Exarticulationen   11
Zusammen 105.

Davon geheilt .. 97 (unter 1. Verbande primär 41, unter mehreren Verbänden meist unter Eiterung 56.)

„   gestorben   8 (2 an Tetanus, 5 an ausser Zusammenhang mit der Operation stehenden Complicationen als Shok, intercurrent auftretenden inneren Krankheiten und vor der Amputation bestehender Sepsis; 1 an Nachblutung.)

Unsere Resultate — 105 grössere Amputationen und Exarticulationen mit 8 Todesfällen = 7,6 %, sind immerhin ebenso gut, als diejenigen Volkmann's [1] — 318 Amputationen und Exarticulationen mit 31 Todesfällen = 9,7 % und als diejenigen v. Bruns [2] aus den Jahren 1875—1878 = 75 Fälle mit 12 Todesfällen = 16 %. Ich gebe gerne zu, dass unsere schliesslichen Erfolge nach Amputationen und Exarticulationen hinsichtlich der Mortalität nicht viel besser sein konnten (es wäre nur der eine Verlust durch Nachblutung zu vermeiden gewesen), aber hinsichtlich des Wundverlaufes müssen wir mit den Resultaten unzufrieden sein, denn 41 unter einem Verbande primär geheilten Wunden stehen 56 Fälle gegenüber, bei denen es zur Eiterung kam. —

Gute Erfolge hatten wir auch nach den Nekrotomieen, eine grosse Zahl derselben heilte unter einem Verbande in 3—6 Wochen; noch günstiger steht es mit den Herniotomieen, bei welchen der Darm zur Zeit der Operation nicht gangränös war, wo derselbe also reponirt und hernach ein Occlusivverband angelegt wurde. Wir können seit dem 1. V. 79 über eine

---

[1] *Oberst.* Die Amputationen unter dem Einfluss der antiseptischen Behandlung. 1881.

[2] *Bruns.* Die Amputationen der Gliedmaasse durch Cirkelschnitt mit vorderem Hautlappen.

fortlaufende Reihe von 23 derartigen Herniotomieen berichten, davon sind 20 unter einem Verbande, ohne Eiterung, 3 mit Eiterung unter mehreren Verbänden, geheilt.

Den obigen statistischen Angaben, welche sich auf bestimmte, einen Zeitraum von 4 Jahren umfassende Operationsgruppen beziehen, füge ich noch eine Uebersicht sämmtlicher vom 1. Januar bis 15. März 1883 mit Torfverbänden behandelten Wunden hinzu. Ich hoffe damit ein für die Beurtheilung unseres Verfahrens hinreichendes Material geboten zu haben.

I. Amputationen

Journal-No.	Name	Alter	Krankheit
774	Marie Kellner.	15	Sarcoma humeri.
775	Heinrich Willer.	39	Caries metatarsi V.
795	Andreas Brodersen.	21	Sarcoma tibiae.
607	Wilhelm Pfannenstiehl.	63	Ostitis granulosa pedis.
866	Otto Fröhlich.	1	Pollex duplex.

II. Resec-

717	Magnese Brasch.	8½	Gonitis fungosa.
753	Heinrich Kühl.	9	Gonitis fungosa.
823	Charlotte Jording.	10	Olecran. arthr. fung.
837	Wilhelmine Kruse.	8	Gonitis fungosa.
898	Auguste Plett.	10	Gonitis fungosa.

III. Schabungen

773	Hugo Busch.	4	Caries metacarpi V.
714	Johann St. Johannes.	24	Intermusculäre fungöse Wucherungen am Unterschenkel.
814	Nicolaus Junge.	23	Caries sterni et cost.
883	Peter Schlüter.	3	Caries tibiae.

und Exarticulationen.

Operation	Verlauf	Der I. Verband lag?	Zustand bei der Entlassung.	Bemerkungen.
Exarticul. hum.	normal	14	geheilt	
Exarticul. met. V.	normal	16	geheilt	
Amput. fem.	Die beim ersten Verbandwechsel mit einander verklebten Hautlappen retrahiren sich nachträglich in grösserer Ausdehnung. Später langsame Heilung unter Granulationsbildung.	12	geheilt	
Amput. crur.	Gutes Befinden, stets fieber- und schmerzfrei; beim I. Verbandwechsel klafft die atonische Wunde in ganzer Ausdehnung.	14	Noch in Behandlung, nahezu geh	Es handelt sich um einen tuberkulösen, sehr decrepiden Patienten, welcher schon früher mehrfach wegen serophul-tubercul. Affectionen operirt worden war und selbst nach den kleinsten Eingriffen dieselbe mangelhafte Heiltendenz gezeigt hatte.
Amput. poll.	normal	10	geheilt	

tionen.

Operation	Verlauf	Der I. Verband lag?	Zustand bei der Entlassung.	Bemerkungen.
Resection des Kniegelenkes.	normal	40		In Behandlung noch nicht vollends consolidirt.
Resection des Kniegelenkes.	normal	40		
Resection des Ellenbogengelenkes.	normal	21	geheilt	
Resection des Kniegelenkes.	normal	40	geheilt	
Resection des Kniegelenkes.	normal	40		In Behandlung noch nicht vollends consolidirt, im Uebrigen vollkommen geheilt.

und Evidements.

Operation	Verlauf	Der I. Verband lag?	Zustand bei der Entlassung.	Bemerkungen.
Exstirp. metac. V.	normal	21	geheilt	
Schabung.	normal	18	In Behandlung.	
Evidement.	normal	8	geheilt	
Evidement.	normal	12	In Behandlung.	

IV. Nekro-

Laufende No.	Name	Alter	Krankheit
797	Peter Eberhardt.	15	Nekrosis humeri.
817	Claus Ivens.	35	Nekrosis tib.
840	Fritz Hagedorn.	17	Nekrosis tib.
882	Gustav Brodersen.	7	Nekrosis hum.
822	Heinrich Büller.	17	Nekrosis.
883	Peter Schlüter.	38	Nekrosis radii.

V. Abscess-

Laufende No.	Name	Alter	Krankheit
793	Claus Brandt.	17	Periarticul. Kniegelenksabscess, bereits spontan perforirt.
811	Gustav Lüth.	8	Periarticul. Kniegelenksabscess.
831	Carl Dinesen.	35	Bubones inguin.
874	Wiebke Rahn.	25	Perityphilitischer Abscess.

VI. Ver-

Laufende No.	Name	Alter	Krankheit
770	Christian Eggers.	51	Complicirte Fractur des Stirnbeines.

tomieen.

Operation	Verlauf	Der I. Verband lag?	Zustand bei der Entlassung.	Bemerkungen.
Nekrotomie.	normal	27	geheilt	
Nekrotomie.	normal	12	—	In Behandlung.
Nekrotomie.	normal	12	geheilt	
Nekrotomie.	normal	13	geheilt	
Nekrotomie.	normal	14	geheilt	
Nekrotomie.	normal	12	geheilt	

spaltungen.

Operation	Verlauf	Der I. Verband lag?	Zustand bei der Entlassung.	Bemerkungen.
Spaltung, Schabung, Drainage.	normal	16		In Behandlung.
Spaltung, Schabung, Drainage.	normal	21	geheilt	
Spaltung, Schabung, Drainage.	normal	14	geheilt	
Spaltung, Entfernung eines Kothsteines, Schabung, Drainage.	normal	14	geheilt	

letzungen.

Operation	Verlauf	Der I. Verband lag?	Zustand bei der Entlassung.	Bemerkungen.
Extraction der Knochensplitter und Resection der eingedrückten und zertrümmerten Knochentheile. Cfr. pag. 51.	normal	30	geheilt	

VII. Geschwulst-

Laufende No.	Name	Alter	Krankheit
764	Carl Stauck.	22	Lymph. colli.
761	Peter Brodersen.	76	Carcin. lab. inf. et glandul. subment.
758	Mary Jensen.	62	Carcin. linguae et gland. subling.
768	Hans Behrens.	69	Carcin. lab. inf. et glandul. subment.
771	Doris Heide.	38	Sarcoma mam.
786	Wiebke Thoms.	40	Carcin. mam. et glandul. axill.
800	Anna Lindemann.	28	Sarkom der vorderen Bauchwand.
803	Adolph Behrmann.	18	Lymph. axillae.
778	Peter Bramsen.	42	Bubones inguinal.
806	Ludwig Normann.	49	Lipoma capitis.
816	Elisabeth Wendlandt.	57	Carcin. mam. et gland. axill.
819	Anna v. Thien.	54	Carcin. mam. et gland. axill.
842	Friedr. Heitmann.	48	Recidivirendes Sarkom der Hacke.
849	Christine Claussen.	60	Carcin. mam. et gland. axill.
853	Wilhelm Wiese.	31	Atheroma faciei.
847	Sophie Lau.	44	Osteoma femoris.
851	Dorothea Muxfeldt.	50	Carcin. mam. et gland. axill.
856	Anna Richter.	61	Melanocarcin. malae recid.
863	Mary Saggau.	44	Bubones inguinales.
877	Dethlef Rohder.	66	Lipoma frontis.
880	Wilhelm Tiedemann.	17	Enchondroma manus.
739	Hinrich Kähler.	19	Bubones inguinal.
855	Marie Gliessmann.	38	Lymph. colli.
886	Marie Thietje.	25	Tuberculos. mam.
891	Carstens.	48	Vereiterte Hydrocel.
903	Voss.	21	Lymph. colli.
907	Catharine Nissen.	53	Carcin. mam. et gland. axill.
734 {	Henning.	22	Lymph. colli.
	Henning.	22	Lxmph. colli.

Exstirpationen.

Operation	Verlauf	Der I. Verband lag?	Zustand bei der Entlassung.	Bemerkungen.
Exstirpation.	normal	12	geheilt	
Exstirpation.	normal	10	geheilt	
Ligatura art. ling. Exstirp. ling.	Geringe Eiterung aus einem Draincanal.	8	geheilt	
Exstirpatio tumoris et glandul. submental.	normal	10	geheilt	
Exstirp. mam.	normal	12	geheilt	
Exstirp. mam. et glandul. axill.	normal	14	geheilt	
Exstirpation.	normal	14	geheilt	
Exstirpation.	normal	10	geheilt	
Exstirpation.	normal	14	geheilt	
Exstirpation.	normal	14	geheilt	
Exstirp. mam. et gland. axill.	Abscess in der Achselhöhle.	8	geheilt bis auf einen schmalen granulirend. Streifen.	Hatte zur Zeit der Operation am Oberarm der kranken Seite eine eiternde Fontanelle, wahrscheinlich von hier ausgehende Infection.
Exstirp. mam. et gland. axill.	normal	14	geheilt	
Exstirpat. des Tumors u. op. plast.	normal	14	geheilt	
Exstirpation.	normal	14	geheilt	
Exstirpation.	normal	8	geheilt	
Exstirpation.	normal	14	geheilt	
Exstirpation.	normal	14	geheilt	
Exstirp. operat. plast.	normal	5	geheilt	
Exstirpation.	normal	14	Prim. geheilt soweit die Wunde mit Haut bedeckt werden konnte.	
Exstirpation.	normal	10	geheilt	
Exstirpation.	normal	10	geheilt	
Exstirpation.	normal	12	geheilt	
Exstirpation.	normal	12	geheilt	
Exstirpatio mam.	normal	12	geheilt	
Exstirp. des Hydrocelensackes und des atrophischen Hodens.	normal	6	geheilt	Verbandwechsel schon am 6. Tage wegen äusserer Beschmutzung des Verbandes.
Exstirpation.	normal	11	geheilt	
Exstirpation.	normal	14	geheilt	
Exstirpation.	normal	30	geheilt	
Exstirpation.	normal Aus einem Drainsausgang wenig Eiterung.	30	geheilt	Beiderseitige Halsdrüsentumoren in zwei Sitzungen operirt.

VIII. Diverse Operationen.

Journal-No.	Name	Alter	Krankheit	Operation	Verlauf	Der I. Verband lag?	Zustand bei der Entlassung.	Bemerkungen.
730	Friedr. Süverkrup.	75	Neuralgie des 2. Astes des Trigeminus.	Neurectomie nach Braun-Lücke-Lossen.	normal	12	geheilt	
814	Heinrich Reimers.	28	Syndactilie des 3. und 4. Fingers der rechten Hand.	Plast. Operation.	normal	11	geheilt	
864	Johannes Busch.	50	Corpusc. mobil. genu.	Incision u. Extraction der freien Körper.	normal	10	geheilt	
875	Doris Glöhr.	55	Hernia crural. incarcerata.	Herniotomie, Radicaloperation.	normal	9	geheilt	
878	Friederike Schlüter.	76	Hernia crural. incarcerata.	Herniotomie, Radicaloperation.	Geringe Eiterung.	5	geheilt	
895	Christine Fritz.	24	Hernia crural. incarcerata.	Herniotomie, Radicaloperation.	normal	9	geheilt	
885	Clara Brammann.	20	Ren. mobile.	Befestigung der Niere durch die Naht.	normal	12	geheilt	

Somit wurden vom 1. I. bis 15. III. 83 mit Dauerverbänden behandelt 61 Fälle, nämlich

  5 *Amputationen und Exarticulationen,*
  5 *Resectionen,*
  4 *Evidements,*
  6 *Nekrotomieen,*
  4 *Abscessöffnungen und Schabungen,*
  1 *Verletzung,*
 30 *Geschwulstexstirpationen,*
  6 *verschiedene andere Operationen,*

Zus. 61 Fälle, davon noch 5 in Behandlung und 58 geheilt entlassen.

58 mal lag der I. Verband bis zum beabsichtigten Termin, 3 mal musste derselbe vorzeitig entfernt werden.

Ich schliesse diese Arbeit in der Hoffnung, dass dieselbe dazu beitragen möge, dem Dauerverband eine allgemeinere Anerkennung zu verschaffen, als derselbe bis jetzt gefunden hat. An vielen Kliniken ist man neuerdings zwar von dem früher gebräuchlichen häufigen Wechsel der antiseptischen Verbände zurückgekommen, man hat sich daran gewöhnt, dieselben längere Zeit, eventuell wochenlang unberührt zu lassen — das Princip des Dauerverbandes ist somit vielseitig anerkannt, das habe ich Eingangs dieser Arbeit erwähnt und hebe ich mit Genugthuung nochmals hervor. — Die Theorie, auf welcher sich unsere ganze Wundbehandlung aufbaut — das Princip der Dauerverbände — ist zweifellos richtig, daher wird auch die Methode mit der Zeit allgemeinere Verbreitung finden, obwohl dieselbe in einigen Punkten noch verbesserungsfähig ist. In der ungleichmässigen Resorption des in verschiedene Wunden und Wundabschnitte eingelegten resorbirbaren Materials (Drains, Catgut), sowie in dem zuweilen auftretenden Geruch lang liegender Verbände, äussern sich entschiedene Mängel unseres Verfahrens. Ich gebe diese gerne zu, doch werden wir, wie ich glaube, bezüglich dieser Punkte demnächst wesentliche Verbesserungen einführen können. Wir bemühen uns zur Zeit, die Drains durch veränderte Zubereitung allen Anforderungen entsprechend herzustellen und suchen andererseits den Geruch lang liegender Verbände durch rechtzeitiges Austrocknen, durch eine Verschorfung des Sekretes zu beseitigen. — Dass der Torf sich für diesen Zweck ausserordentlich gut eignet, ist kürzlich von mir hervorgehoben worden. [1] Ueber diese beiden letzt' erwähnten Punkte habe ich mich in der vorstehenden Arbeit nicht näher geäussert, werde jedoch genauere Mittheilungen und Vorschläge machen, sobald die bezüglichen Versuche ihren Abschluss erreicht haben. — Wir müssen schliesslich dahin kommen, dass *jede* frische Wunde ebenso reactionslos heilt, wie eine subcutane Verletzung. — Diese Forderung ist theoretisch berechtigt und ich bezweifle nicht, dass sie auch practisch durch weitere Verbesserungen auf dem Gebiet der Wundbehandlungs- und *besonders der Operationstechnik* zu erfüllen sein wird, denn der Wundverlauf hängt durchaus nicht allein von der Wundbehandlung, sondern zum Theil auch von der Ausführung der Operation ab. —

[1] v. Langenbeck's Archiv Bd. 28. Heft 3, pag. 491 ff.

Bezugsquellen der chirurgischen Klinik zu Kiel.

Darmsaiten: *C. Wiessner, Berlin, Schwedterstr. 3 a.*

Torfpräparate
Resorbirbare Drains } *Torfbereitungsfabrik in Uetersen, Schleswig-Holstein.*
Präpar. Catgut

Rohe Gaze
Appretirte Gaze } *Lantzius Nachfolger, Kiel.*
Entfettete Watte

Gummibinden
Gummidecken
Heizbarer Operationstisch
Instrumente
Wunddouchen } *Instrumentenmacher Beckmann, Kiel.*
Glasschienen
Glaseiterbecken
Antiseptischer Verbandapparat

Die *Mencke*'schen Operationswagen können unter der Aufsicht des Herrn Sanitätsrath *Dr. Mencke* in *Wilster* hergestellt werden.

Torfmoos zu beziehen bei *Dr. Mielk* in *Hamburg.*

Berichtigung.

Pag. 15 Z. 5 lies statt Soda: *Natr. subsulph.*

Inhalts-Verzeichniss.